TESTE DEIN WISSEN!

W0337593

arsEdition

INHALT

LÖSUNGSTEIL

EINLEITUNG

»Wissen ist Macht. Nichts wissen macht auch nichts.« Dieser Spruch stand einmal an eine Toilettenwand geschrieben. Aber Wissen ist doch wichtig. Denn wer viel weiß, der versteht mehr von der Welt und kann mitreden. Und nur wer über etwas Bescheid weiß, kann sich darüber ein Urteil bilden.

Teste dein Wissen mit diesem Buch in ganz unterschiedlichen Bereichen! Wie gut kennst du dich in der Natur und auf der Erde aus? Was weißt du über Bücher, Musik und andere Künste? Hast du eine Ahnung von Technik oder dem Weltall? Was weißt du über Geschichte? Was weißt du über Sport? Erprobe dein Wissen in acht Bereichen mit jeweils mindestens 30 Quizfragen!

Aber du kannst dein Wissen nicht nur testen, sondern es auch um ein paar laufende Meter, um eine Marathonstrecke oder sogar um einige Lichtjahre erweitern. Ein ausführlicher Lösungsteil liefert die richtigen Antworten zu den Quizfragen sowie spannende Informationen zu den richtigen Lösungen. Also jede Menge zum Schmökern!

Hinten im Buch findest du schließlich noch eine Anleitung, um deinen Quiz-Quotienten (QQ) zu berechnen. Dazu zählst du einfach in jedem der acht Bereiche deine richtigen Antworten zusammen. Notiere sie auf einem Blatt Papier, etwa so:

Tiere und Natur: 17 Punkte
Stadt, Land, Fluss: 21 Punkte
Bücher und bildende Kunst: 14 Punkte
Musik und Filme: 20 Punkte
Technik, Internet, Erfindungen: 18 Punkte
Geschichte, Politik, Religion: 25 Punkte
Wissenschaft und Weltall: 29 Punkte
Sport und Spiel: 27 Punkte

Wie du damit dann deinen Quiz-Quotienten berechnest, erfährst du auf Seite 158. Falls du mit deinem Quiz-Quotienten nicht zufrieden sein solltest, machst du das ganze Quiz oder einzelne Bereiche einfach noch mal von vorne. Nun hab aber erst mal jede Menge Spaß dabei, dein Wissen zu testen! Teste außerdem das Wissen deiner Freunde, Geschwister, Eltern, ... Du wirst sehen: Quizzen macht Spaß!

Schalte dein Handy aus, dreh die Musik leise! Denn jetzt geht es ab in die **NATUR.**

Diese hat in zig Millionen Jahren eine unglaubliche Vielfalt an Tieren und Pflanzen hervorgebracht. Mit den folgenden Fragen testest du, wie gut du dich in der Natur auskennst. Und was du noch nicht wissen solltest, das lernst du dazu.

1. Was für ein Tier ist der Große Tümmler?

- a) Schmetterling
- b) Großkatze
- c) Vogel
- d) Delfin

2. Was wird gezählt, um das Alter eines Baumes zu bestimmen?

- a) Stundenketten
- b) Wochenblätter
- c) Monatskronen
- d) Jahresringe

3. Welches Tier hat eine schwarze Haut?

- a) Eisbär
- b) Rotfuchs
- c) Grünfink
- d) Eidechse

TIERE & NATUR

4. **Welches Reptil zählt zu den Riesenschlangen?**

- a) Kreuzotter
- b) Netzpython
- c) Ringelnatter
- d) Königskobra

5. **Von welchen anderen Insekten werden Blattläuse »gemolken«?**

- a) von Ameisen
- b) von Bienen
- c) von Marienkäfern
- d) von Fliegen

6. **Welche Pflanze ist ein Fleischfresser?**

- a) Tassenpflanze
- b) Topfpflanze
- c) Kannenpflanze
- d) Karaffenpflanze

7. Welches dieser Tiere hält einen Winterschlaf?

- ▢ a) Walross
- ▢ b) Weißstorch
- ▢ c) Murmeltier
- ▢ d) Nashorn

8. Welcher ist der größte Vogel der Welt?

- ▢ a) Afrikanischer Strauß
- ▢ b) Zaunkönig
- ▢ c) Riesen-Fischuhu
- ▢ d) Steinadler

9. Welche Pflanze trägt eine Krone?

- ▢ a) Farn
- ▢ b) Moos
- ▢ c) Baum
- ▢ d) Flechte

10. In welcher Formation fliegen Wildgänse?

- a) N-Formation
- b) Z-Formation
- c) P-Formation
- d) V-Formation

11. Welche Säugetiere legen Eier?

- a) Waldelefanten
- b) Kloakentiere
- c) Berglöwen
- d) Seehunde

12. Welche Spinne ist sehr giftig?

- a) Strohwitwe
- b) Schwarze Witwe
- c) Lustige Witwe
- d) Witwe Bolte

13. In welchem Land gibt es die meisten Tiger?

- a) Brasilien
- b) Schweiz
- c) Indien
- d) Kenia

14. Welcher dieser Bäume ist ein Nadelbaum?

- a) Lärche
- b) Birke
- c) Pappel
- d) Weide

15. Was kann man mithilfe der Oktettmethode fangen?

- a) Bären
- b) Vögel
- c) Fische
- d) Regenwürmer

16. **Wer zählt in der Biologie zu den Menschenaffen?**

- a) Koboldmaki
- b) Mantelpavian
- c) Rhesusaffe
- d) Mensch

17. **Auf was für einer Liste stehen Tier- und Pflanzenarten, die vom Aussterben bedroht sind?**

- a) Schwarze Liste
- b) Grüne Liste
- c) Rote Liste
- d) Weiße Liste

18. **Wobei handelt es sich nicht um einen Bären?**

- a) Koalabär
- b) Kragenbär
- c) Pandabär
- d) Brillenbär

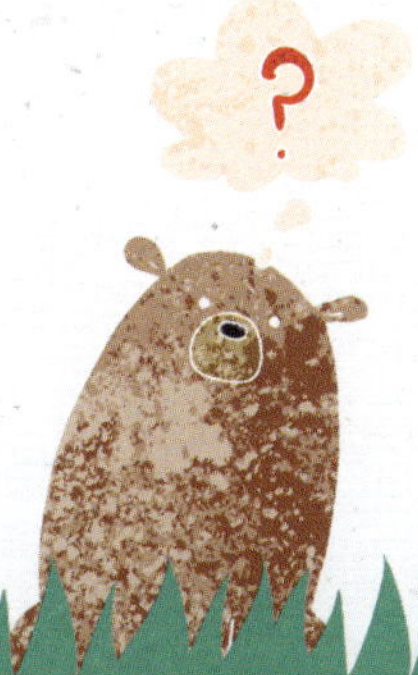

19. Was können bestimmte Muscheln produzieren?

- a) Halsketten
- b) Armbanduhren
- c) Ohrringe
- d) Perlen

20. Welcher Pinguin wird am größten?

- a) Baronpinguin
- b) Grafpinguin
- c) Herzogpinguin
- d) Kaiserpinguin

21. Was ist die schnellste Gangart eines Pferdes?

- a) Trab
- b) Galopp
- c) Tölt
- d) Schritt

22. Was für ein Tier überträgt die Krankheit Malaria?

- a) Wespe
- b) Ratte
- c) Stechmücke
- d) Schlange

23. Wie wird ein weiblicher Wal genannt?

- a) Kuh
- b) Bache
- c) Stute
- d) Henne

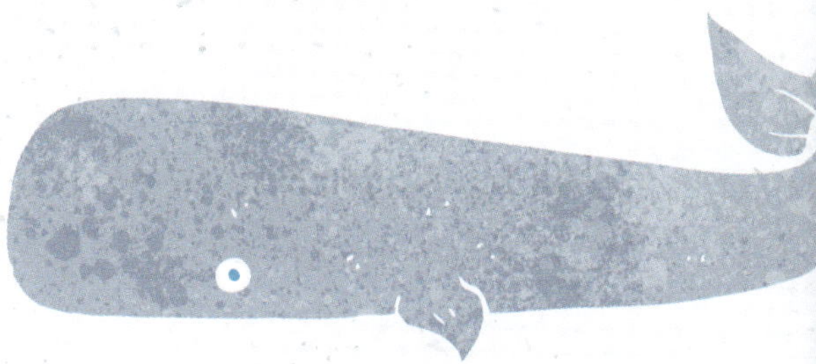

24. Welches dieser Tiere hat acht Beine?

- a) Floh
- b) Küchenschabe
- c) Ohrwurm
- d) Skorpion

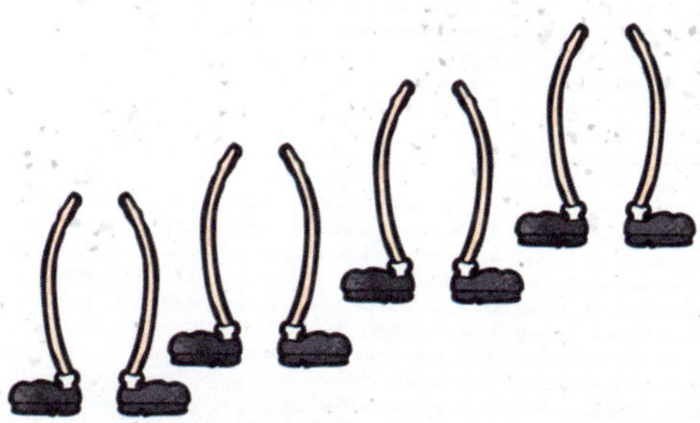

25. Welcher Vogel legt seine Eier in fremde Nester?

- a) Habicht
- b) Kleiber
- c) Kuckuck
- d) Elster

26. Wie lautet ein bekannteres Wort für das von vielen Pflanzen gebildete Chlorophyll?

- a) Knospenrot
- b) Wurzelbraun
- c) Blattgrün
- d) Blütengelb

27. Wie heißt ein Stadium in der Entwicklung eines Schmetterlings?

- a) Puzzle
- b) Murmel
- c) Puppe
- d) Teddy

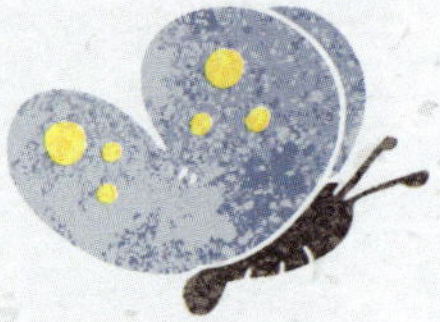

28. **Welches Tier wächst im Bauchbeutel seiner Mutter heran?**

- a) Lama
- b) Känguru
- c) Elefant
- d) Biber

29. **Welche Tiere verständigen sich mit einer Tanzsprache?**

- a) Bienen
- b) Löwen
- c) Springmäuse
- d) Seepferdchen

30. **Welcher Baum ist in Afrika weit verbreitet?**

- a) Erdnussbutterbaum
- b) Bierschinkenbaum
- c) Hüttenkäsebaum
- d) Leberwurstbaum

Hast du Lust auf eine kleine **WELTREISE?**

In unserer Welt gibt es so viel Schönes zu entdecken: beeindruckende Städte, ferne Länder, mächtige Berge, spannende Sehenswürdigkeiten und vieles mehr. Teste mit den folgenden Fragen, wie gut du dich mit Erdkunde auskennst!

1. In welchem Land begrüßt man sich manchmal durch Zungerausstrecken?

- ☐ a) Serbien
- ☐ b) Tibet
- ☐ c) Österreich
- ☐ d) Uruguay

2. Welches Gewässer hat einen besonders hohen Salzgehalt?

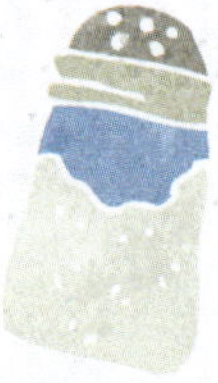

- ☐ a) Krankes Meer
- ☐ b) Erkältetes Meer
- ☐ c) Fiebriges Meer
- ☐ d) Totes Meer

3. In welcher Stadt ist die Seufzerbrücke eine berühmte Sehenswürdigkeit?

- ☐ a) Venedig
- ☐ b) Hamburg
- ☐ c) Paris
- ☐ d) Prag

STADT, LAND, FLUSS

4. **Wo auf der Erde herrschen die kältesten Temperaturen?**

- a) am Äquator
- b) auf der Meeresoberfläche
- c) am Südpol
- d) im Regenwald

5. **Welche europäische Großstadt hieß früher mal Konstantinopel?**

- a) Helsinki
- b) Istanbul
- c) Barcelona
- d) Budapest

6. **In welchem Land steht die Cheops-Pyramide, die höchste Pyramide der Welt?**

- a) Peru
- b) Griechenland
- c) Mexiko
- d) Ägypten

7. Mit welchem Wort wird eine größere Meeresbucht bezeichnet?

- a) Golf
- b) Hockey
- c) Polo
- d) Squash

8. Welches ist das größte Nachbarland Deutschlands?

- a) Polen
- b) Dänemark
- c) Niederlande
- d) Frankreich

9. Was wurde nach dem britischen Landvermesser George Everest benannt?

- a) der tiefste See
- b) der heißeste Ort
- c) der höchste Berg
- d) der längste Fluss

10. **Im Hafen welcher amerikanischen Stadt steht die Freiheitsstatue?**

- a) New York City
- b) Miami
- c) San Francisco
- d) Boston

11. **Wie heißt die größte Trockenwüste der Erde?**

- a) Pihiri
- b) Sahara
- c) Nuhuru
- d) Zehere

12. **Wobei handelt es sich um einen Wirbelsturm?**

- a) Smog
- b) Hurrikan
- c) Lawine
- d) Tsunami

13. Woraus besteht das Great Barrier Reef in Australien?

- a) aus Korallen
- b) aus Granit
- c) aus Muscheln
- d) aus Marmor

14. In welchem Land kannst du Machu Picchu besuchen, eine Ruinenstadt der Inka?

- a) Mexiko
- b) Kroatien
- c) Spanien
- d) Peru

15. An welchem Kanal liegt die englische Stadt Dover?

- a) Suezkanal
- b) Panamakanal
- c) Ärmelkanal
- d) Canal Grande

16. Welches ist das größte Land in Afrika?

- a) Togo
- b) Kenia
- c) Ghana
- d) Algerien

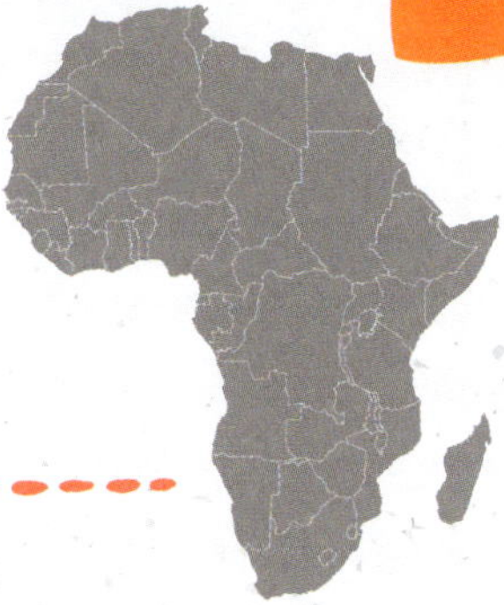

17. Das Brandenburger Tor ist eine Sehenswürdigkeit in ...?

- a) Berlin
- b) Amsterdam
- c) Kopenhagen
- d) Wien

18. Im Süden welches Landes liegt die Region Andalusien?

- a) Brasilien
- b) Italien
- c) Ungarn
- d) Spanien

19. Wie heißt die größte Insel der Welt?

- a) Grönland
- b) Mallorca
- c) Gran Canaria
- d) Mainau

20. An der Südspitze welches Kontinents befindet sich das Kap der Guten Hoffnung?

- a) Asien
- b) Europa
- c) Afrika
- d) Amerika

21. Welches »Meer« ist eigentlich ein See?

- a) Mittelmeer
- b) Rotes Meer
- c) Schwarzes Meer
- d) Kaspisches Meer

22. In welchem Land ließ ein Großmogul für seine verstorbene Frau das Taj Mahal erbauen?

- a) Indien
- b) China
- c) Russland
- d) Thailand

23. In welcher Stadt wird jedes Jahr das Oktoberfest, das größte Volksfest der Welt, gefeiert?

- a) Zürich
- b) Rio de Janeiro
- c) Stockholm
- d) München

24. Wie nennt man ein fruchtbares Gebiet inmitten einer Wüste?

- a) Beduine
- b) Oase
- c) Monsun
- d) Karawane

25. Durch welches Land fließt der Jangtsekiang?

- a) Vietnam
- b) Japan
- c) China
- d) Indonesien

26. Aus welchem Material wurde der Eiffelturm in Paris gebaut?

- a) Beton
- b) Eisen
- c) Holz
- d) Stein

27. Was gibt es häufig entlang der San-Andreas-Verwerfung?

- a) Hochwasser
- b) Erdbeben
- c) Sandsturm
- d) Eisregen

28. In welcher italienischen Stadt steht ein berühmter schiefer Turm?

- a) Palermo
- b) Triest
- c) Pisa
- d) Mailand

29. Wie heißt eine Gebirgskette in Südamerika?

- a) Anden
- b) Himalaja
- c) Ural
- d) Alpen

30. Welche Insel ist für ihre großen Statuen aus Stein bekannt?

- a) Geburtstagsinsel
- b) Silvesterinsel
- c) Osterinsel
- d) Weihnachtsinsel

31. In welcher amerikanischen Stadt befindet sich der Times Square?

- a) Washington, D.C.
- b) New York City
- c) San Francisco
- d) Chicago

32. Wie heißt der höchste Berg Afrikas?

- a) Kongo
- b) Togo
- c) Kibo
- d) Lesotho

33. Welche Stadt lockt weltweit am meisten Touristen an?

- a) Bangkok
- b) Moskau
- c) Rom
- d) Los Angeles

34. **Wie heißt eine berühmte Felsenstadt in Jordanien?**

- a) Sandra
- b) Anna
- c) Petra
- d) Luisa

35. **Welche beiden Länder teilen sich die Niagarafälle?**

- a) USA und Mexiko
- b) Mexiko und Guatemala
- c) Brasilien und Argentinien
- d) USA und Kanada

36. **In welcher deutschen Stadt kann man auf einer »Museumsinsel« fünf Museen besuchen?**

- a) München
- b) Berlin
- c) Köln
- d) Hamburg

Bist du eine LESERATTE?
Besuchst du gerne mal ein MUSEUM?

Mit den nächsten Fragen testest du, wie gut du dich mit Büchern und der bildenden Kunst auskennst. Gut zu wissen: Bildende Kunst bedeutet, dass bei dieser Kunst etwas gebildet, gestaltet wird – wie bei der Malerei, der Bildhauerei usw.

1. Wie heißt der Gefährte der Romanfigur Robinson Crusoe?

- a) Robin
- b) Sancho Panza
- c) Freitag
- d) Samweis Gamdschie

2. Welcher Künstler hat die »Mona Lisa« gemalt?

- a) Leonardo da Vinci
- b) Salvador Dalí
- c) Albrecht Dürer
- d) Marc Chagall

3. Welchen Namen trägt der Wolf in alten Fabeln?

- a) Meister Petz
- b) Reineke
- c) Adebar
- d) Isegrim

BÜCHER & BILDENDE KUNST

4. **Wie heißt der Häuptling im Dorf des Asterix?**

- a) Majestix
- b) Miraculix
- c) Troubadix
- d) Verleihnix

5. **Welchen Titel trägt ein Theaterstück von William Shakespeare?**

- a) Omelett
- b) Hamlet
- c) Skelett
- d) Kotelett

6. **Wie hieß der spanische Maler Picasso mit Vornamen?**

- a) Franz
- b) Pierre
- c) Pablo
- d) Henry

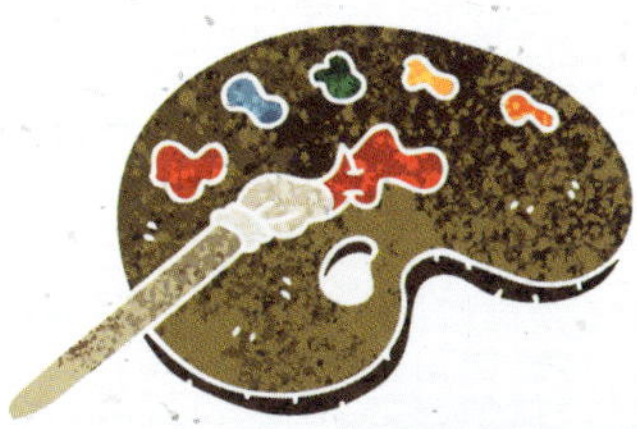

7. Welchen Namen hat das Zauberinternat in den »Harry Potter«-Romanen?

- a) Petunia
- b) Voldemort
- c) Askaban
- d) Hogwarts

8. Wie heißt ein Werk des deutschen Dichters Johann Wolfgang von Goethe?

- a) Faust
- b) Bauch
- c) Fuß
- d) Kopf

9. Welche dieser Figuren hat sich Astrid Lindgren ausgedacht?

- a) Räuber Hotzenplotz
- b) Momo
- c) Sams
- d) Pippi Langstrumpf

10. **Welches berühmte Kinderbuch hat Heinrich Hoffmann im 19. Jahrhundert geschrieben?**

- a) Struwwelpeter
- b) Teufelsbraten
- c) Piesepampel
- d) Springinsfeld

11. **Was gestaltet ein Bildhauer?**

- a) Rapturen
- b) Frakturen
- c) Torturen
- d) Skulpturen

12. **Ein Roman von Erich Kästner trägt den Titel »Emil und die ...«?**

- a) Wilden Fußballkerle
- b) Kinder aus der Krachmacherstraße
- c) Detektive
- d) Wilde 13

13. **Wie lautet die deutsche Übersetzung des Kinderbuchs »Diary of a Wimpy Kid«?**

- a) Petronella Apfelmus
- b) Die Schule der magischen Tiere
- c) Die unendliche Geschichte
- d) Gregs Tagebuch

14. **Welche Erzählung schrieb Antoine de Saint-Exupéry?**

- a) Der kleine Prinz
- b) Der kleine Eisbär
- c) Der kleine Hobbit
- d) Der kleine Lord

15. **Wer malte besonders viele Bilder mit Sonnenblumen?**

- a) Tizian
- b) Vincent van Gogh
- c) Sandro Botticelli
- d) Tintoretto

16. **Wie nennt sich ein bekannter englischer Streetart-Künstler?**

- a) Marteria
- b) Clueso
- c) Banksy
- d) Kollegah

17. **Was für ein Tier ist »Moby Dick« im gleichnamigen Roman von Herman Melville?**

- a) Elefant
- b) Pferd
- c) Tiger
- d) Wal

18. **Von Victor Hugo stammt der Roman »Der Glöckner ...«?**

- a) von Notre-Dame
- b) von der Paulskirche
- c) von Westminster Abbey
- d) vom Kölner Dom

19. Welcher Titel zählt nicht zur »Tintenwelt«-Trilogie von Cornelia Funke?

- a) Tintenherz
- b) Tintenblut
- c) Tintenkiller
- d) Tintentod

20. Wie heißt eine Kunstschule, die Walter Gropius im Jahr 1919 begründete?

- a) Obi
- b) Toom
- c) Bauhaus
- d) Hornbach

21. Wer schrieb »Das Dschungelbuch«?

- a) Rudyard Kipling
- b) John Updike
- c) Ernest Hemingway
- d) George Orwell

22. **Welcher Künstler wurde durch seine Pop-Art berühmt?**

- a) Peter Paul Rubens
- b) Jan Vermeer
- c) Andy Warhol
- d) Rembrandt van Rijn

23. **Von Christine Nöstlinger stammt der Roman »Wir pfeifen auf den …«?**

- a) Bohnenkaiser
- b) Gurkenkönig
- c) Tomatenbaron
- d) Kartoffelherzog

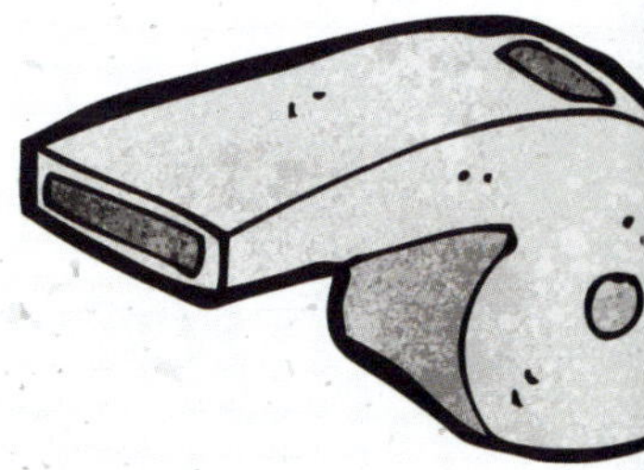

24. **In welchem Land entstand zu Beginn des 17. Jahrhunderts der Roman »Don Quijote«?**

- a) England
- b) Russland
- c) Spanien
- d) Deutschland

25. Für wie viel Geld wurde 2017 das Gemälde »Salvator mundi« von Leonardo da Vinci versteigert?

- a) mehr als 400 000 Euro
- b) mehr als 4 Millionen Euro
- c) mehr als 40 Millionen Euro
- d) mehr als 400 Millionen Euro

26. Wer war ein berühmter österreichischer Maler und Architekt?

- a) Gottfried Stausee
- b) Hermann Wellenschlag
- c) Friedensreich Hundertwasser
- d) Waldemar Meereswoge

27. Wer hat die Abenteuer von Tom Sawyer und Huckleberry Finn aufgeschrieben?

- a) Robert Louis Stevenson
- b) Mark Twain
- c) Karl May
- d) Jonathan Swift

28. **Mit wem zieht die Kinderbuchfigur Nils Holgersson durch Schweden?**

- ☐ a) mit Wildpferden
- ☐ b) mit Wölfen
- ☐ c) mit Elchen
- ☐ d) mit Wildgänsen

29. **Welches dieser Wörter bezeichnet ein Kunstwerk?**

- ☐ a) Sondierung
- ☐ b) Radierung
- ☐ c) Legierung
- ☐ d) Zentrierung

30. **Welcher Autor verfasste unter anderem »Das kleine Gespenst« und »Die kleine Hexe«?**

- ☐ a) Otfried Preußler
- ☐ b) Cornelia Funke
- ☐ c) Michael Ende
- ☐ d) James Krüss

Hast du TÖNE?
Oder hast du eine MATTSCHEIBE?

Bei den folgenden Fragen dreht sich alles um die Welt der Musik sowie um Filme, die im Kino oder im Fernsehen liefen. Wie gut kennst du dich mit diesen Themen aus? Teste dich selbst und lerne dazu – let's rock!

1. Wie heißt ein beliebtes Musical von Andrew Lloyd Webber?

- ☐ a) Rats
- ☐ b) Cats
- ☐ c) Monkeys
- ☐ d) Dogs

2. 1937 veröffentlichte Walt Disney den ersten abendfüllenden Zeichentrickfilm. Wie hieß er?

- ☐ a) Schneewittchen und die sieben Zwerge
- ☐ b) Der Froschkönig
- ☐ c) Hänsel und Gretel
- ☐ d) Die Bremer Stadtmusikanten

3. Welche amerikanische Sängerin veröffentlichte 2019 das Album »Lover«?

- ☐ a) Doris Day
- ☐ b) Janis Joplin
- ☐ c) Taylor Swift
- ☐ d) Marilyn Monroe

MUSIK & FILME

4. **Wer war ein bedeutender Komponist in der Zeit des Barocks?**

- a) Christoph Willibald See
- b) Georg Philipp Fluss
- c) Johann Sebastian Bach
- d) Georg Friedrich Meer

5. **Was ist ein begehrter Musikpreis?**

- a) Shanty
- b) Jury
- c) Jolly
- d) Grammy

6. **In welchem Animationsfilm spielt der Pandabär Po die Hauptrolle?**

- a) Karate Panda
- b) Taekwondo Panda
- c) Judo Panda
- d) Kung Fu Panda

7. **Wie heißt eine berühmte amerikanische Sängerin, der schon mit ihrem ersten Album »The Fame« der Durchbruch gelang?**

- a) Lady Gaga
- b) Miss Crazy
- c) Madame Maniac
- d) Signora Schizo

8. **Wer war ein berühmter deutscher Opernkomponist?**

- a) Friedrich Schiller
- b) Richard Wagner
- c) Theodor Storm
- d) Joachim Ringelnatz

9. **Was für ein Tier ist die Animationsfigur Shaun?**

- a) Hund
- b) Schaf
- c) Pferd
- d) Maus

10. **Welche deutsche Band sang unter anderem »Tage wie diese«?**

- ☐ a) Die Toten Hosen
- ☐ b) Die Toten Hüte
- ☐ c) Die Toten Socken
- ☐ d) Die Toten Unterhemden

11. **Welches dieser Wörter bezeichnet einen Sprechgesang?**

- ☐ a) Jazz
- ☐ b) Blues
- ☐ c) Rap
- ☐ d) Swing

12. **Was für einen Beruf übt »Mary Poppins« im gleichnamigen Film von 1964 aus?**

- ☐ a) Busfahrerin
- ☐ b) Tierärztin
- ☐ c) Schuhverkäuferin
- ☐ d) Kindermädchen

13. Welchen Captain spielt Johnny Depp in den »Fluch der Karibik«-Filmen?

- a) William Kidd
- b) Jack Sparrow
- c) Henry Morgan
- d) Charles Vane

14. Wer hat das Klavierstück »Für Elise« komponiert?

- a) Tim Bendzko
- b) Herbert Grönemeyer
- c) Ludwig van Beethoven
- d) Xavier Naidoo

15. »Dumbo« ist ein fliegender ...?

- a) Elefant
- b) Esel
- c) Fuchs
- d) Bär

16. **Welche deutsche Sängerin hat 2010 mit dem Lied »Satellite« beim Eurovision Song Contest gewonnen?**

- ☐ a) Helene Fischer
- ☐ b) Sarah Connor
- ☐ c) Lena Meyer-Landruth
- ☐ d) Andrea Berg

17. **Wie heißt ein sehr erfolgreicher Song von Ed Sheeran?**

- ☐ a) Perfect
- ☐ b) Splendid
- ☐ c) Foolproof
- ☐ d) Excellent

18. **Welchen Sänger nannte man »King of Rock 'n' Roll«?**

- ☐ a) Elvis Presley
- ☐ b) Joe Cocker
- ☐ c) George Michael
- ☐ d) Ray Charles

19. **In welchem Animationsfilm spielt ein Clownfisch die Hauptrolle?**

- a) Hotel Transsilvanien
- b) Shrek
- c) Findet Nemo
- d) Ice Age

20. **Welches Lied gilt als meistverkaufter Song aller Zeiten?**

- a) Marmor, Stein und Eisen bricht
- b) Atemlos durch die Nacht
- c) Über den Wolken
- d) White Christmas

21. **Ein berühmtes Musikmärchen für Kinder trägt den Titel »Peter und ...«?**

- a) der Wolf
- b) das Rotkäppchen
- c) der Jäger
- d) die Großmutter

22. **Welches »Märchen aus 1001 Nacht« wurde 2019 unter anderem mit Will Smith in einer Hauptrolle verfilmt?**

- a) Sindbad der Seefahrer
- b) Aladdin
- c) Ali Baba und die 40 Räuber
- d) Der gewandte Dieb

23. **In welchem Land wurden die »Pokémon« erfunden?**

- a) Kanada
- b) Portugal
- c) Schweiz
- d) Japan

24. **2019 kam die Neuverfilmung eines Zeichentrickfilms von 1994 in die Kinos, nämlich »Der König der …«?**

- a) Kinder
- b) Meere
- c) Löwen
- d) Lehrer

25. **Welches Wort ist auch die Bezeichnung für eine Singstimme?**

- a) Schön
- b) Groß
- c) c) Schwer
- d) Alt

26. **Mit welchem Lied landete Nena 1983 einen Welthit?**

- a) Summer of ’69
- b) 99 Luftballons
- c) Über sieben Brücken musst du gehn
- d) Zehn kleine Jägermeister

27. **Wie heißt die Hauptfigur im Film »Ich – Einfach unverbesserlich«?**

- a) Gru
- b) Znu
- c) Blu
- d) Sku

28. **Wie heißt eine bekannte österreichische Pop-Sängerin?**

- ☐ a) Jeanette Linksaußen
- ☐ b) Yvonne Torhüter
- ☐ c) Annett Libero
- ☐ d) Christina Stürmer

29. **Wer hat die Oper »Die Zauberflöte« komponiert?**

- ☐ a) Antonio Vivaldi
- ☐ b) Wolfgang Amadeus Mozart
- ☐ c) Richard Wagner
- ☐ d) Franz Schubert

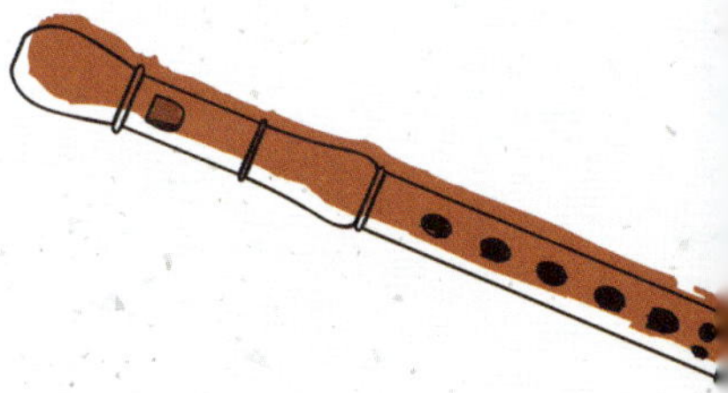

30. **Wessen Gehilfe ist Robin in zahlreichen Comic-Verfilmungen?**

- ☐ a) Spiderman
- ☐ b) Batman
- ☐ c) Ironman
- ☐ d) Superman

Lass dich nun in die spannende Welt der TECHNIK entführen!

Wie gut kennst du dich mit bedeutenden Erfindungen der Menschheit aus? Wie fit bist du in Sachen Computer und Internet? Mit den Fragen in diesem Kapitel testest du, ob du in Sachen Technik auf Draht bist!

1. Wer hat den modernen Buchdruck erfunden?

- a) Nikola Tesla
- b) Isaac Newton
- c) Johannes Gutenberg
- d) Bill Gates

2. Welches Programm dient auf einem Computer dazu, um im Internet zu surfen?

- a) Browser
- b) Driver
- c) Explorer
- d) Reader

3. Wie bezeichnet man den hinteren Teil eines Schiffes?

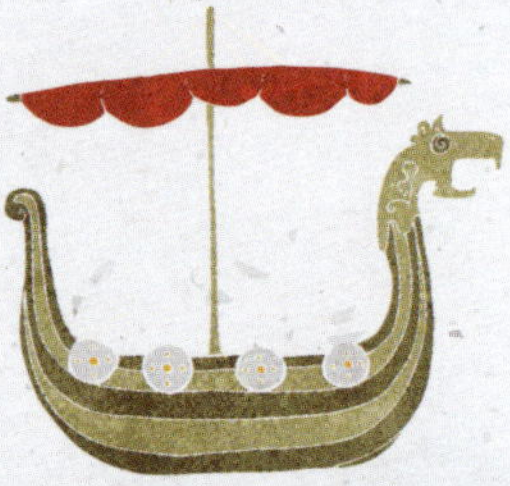

- a) Boje
- b) Kombüse
- c) Planke
- d) Heck

TECHNIK, INTERNET & ERFINDUNGEN

4. **In welcher Stadt fuhr 1863 die erste U-Bahn?**

- a) London
- b) Rom
- c) Berlin
- d) Warschau

5. **Wie nennt man einen berührungsempfindlichen Bildschirm noch?**

- a) Keyboard
- b) Touchscreen
- c) Laptop
- d) Plotter

6. **Welche Erfindung geht auf den amerikanischen Staatsmann Benjamin Franklin zurück?**

- a) Dampfmaschine
- b) Schallplatte
- c) Blitzableiter
- d) Fahrrad

7. Wer war einer der Erfinder des Telefons?

- a) Johann Philipp Reis
- b) Friedhelm Willibald Brot
- c) Carl Emanuel Nudel
- d) Friedrich Ludwig Kartoffel

8. Was hat der Italiener Alessandro Volta erfunden?

- a) Herd
- b) Waschmaschine
- c) Kühlschrank
- d) Batterie

9. Womit werden Flugzeuge betankt?

- a) Erdgas
- b) Kerosin
- c) Torf
- d) Braunkohle

10. In welchem Format werden häufig Musikdateien auf dem Computer gespeichert?

- ☐ a) BMP
- ☐ b) JPG
- ☐ c) MP3
- ☐ d) GIF

11. Welcher alte Grieche hat die Hebelgesetze entdeckt?

- ☐ a) Archimedes
- ☐ b) Herkules
- ☐ c) Zeus
- ☐ d) Adonis

12. Was wird an viele Computer angeschlossen?

- ☐ a) Floh
- ☐ b) Kuh
- ☐ c) Maus
- ☐ d) Reh

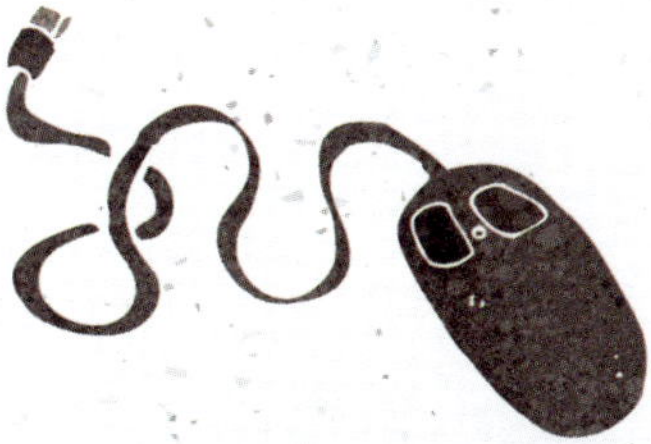

13. Was ist die Abkürzung für einen Seenotruf?

- a) SRY
- b) HDL
- c) IDK
- d) SOS

14. Wobei handelt es sich um eine Maßeinheit?

- a) Tanzendes Herz
- b) Springender Punkt
- c) Laufender Meter
- d) Rennende Zeit

15. Was hat eine Frau namens Herta Heuwer in den 1940er-Jahren in Berlin erfunden?

- a) Pommes frites
- b) Currywurst
- c) Hamburger
- d) Kartoffelchips

16. **Die »One Penny Black« von 1840 war die erste ...?**

- a) Briefmarke
- b) Schreibmaschine
- c) Lokomotive
- d) Taschenuhr

17. **Wer war ein berühmter Waffenerfinder?**

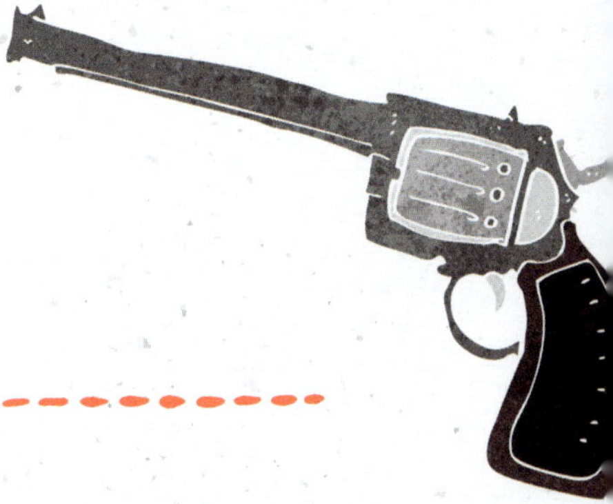

- a) Fernando Pistole
- b) Karl von Gewehr
- c) Rudolf Schießeisen
- d) Samuel Colt

18. **Was hat der Amerikaner Frank Epperson erfunden, als er noch ein Kind war?**

- a) Kartoffelchips
- b) Eis am Stiel
- c) Schokoladencreme
- d) Brausepulver

19. Was ist in viele Computer eingebaut?

- ☐ a) Langspielplatte
- ☐ b) Schellackplatte
- ☐ c) Festplatte
- ☐ d) Rigipsplatte

20. Wer erfand im Jahr 1885 das erste Auto mit Benzinmotor?

- ☐ a) Carl Benz
- ☐ b) Ferdinand Porsche
- ☐ c) Adam Opel
- ☐ d) Henry Ford

21. In welchem Land kamen 1922 die ersten Gummibärchen zur Welt?

- ☐ a) Deutschland
- ☐ b) USA
- ☐ c) Japan
- ☐ d) Italien

22. **Was hat die Dresdener Hausfrau Melitta Bentz erfunden?**

- ▢ a) Schultüte
- ▢ b) Plastiktüte
- ▢ c) Filtertüte
- ▢ d) Lohntüte

23. **Wo wurde zum ersten Mal Papier hergestellt?**

- ▢ a) Marokko
- ▢ b) Deutschland
- ▢ c) Norwegen
- ▢ d) China

24. **Wie heißen die Informationseinheiten, mit denen ein Computer rechnet?**

- ▢ a) Giga
- ▢ b) Bit
- ▢ c) Tera
- ▢ d) Mega

25. **Die Engländerin Ada Lovelace war im 19. Jahrhundert die erste ...?**

- a) Lokführerin
- b) U-Boot-Kapitänin
- c) Programmiererin
- d) Pilotin

26. **Welchen Verschluss hat der Schweizer Georges de Mestral entwickelt?**

- a) Klettverschluss
- b) Drehverschluss
- c) Druckverschluss
- d) Reißverschluss

27. **Welches Unternehmen brachte im Jahr 2007 das erste iPhone auf den Markt?**

- a) Google
- b) Facebook
- c) Apple
- d) Microsoft

28. **Was wird in Autos zum Schutz bei Unfällen eingebaut?**

- a) Airport
- b) Aircondition
- c) Airbag
- d) Airline

29. **In welchem Jahr hat der Engländer John Harington das WC (Wasserklosett) erfunden?**

- a) 1596
- b) 1714
- c) 1865
- d) 1927

30. **Worauf lassen sich unter anderem Musik und Hörspiele speichern?**

- a) XY
- b) EF
- c) JK
- d) CD

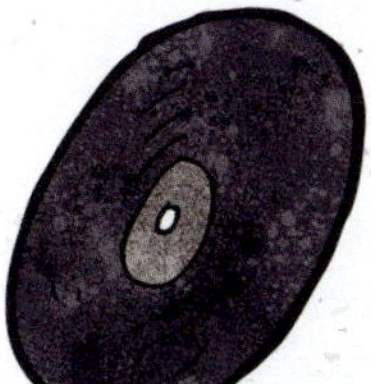

31. Welches amerikanische Unternehmen stellt Elektroautos her?

- a) Walmart
- b) ExxonMobil
- c) Tesla
- d) Boeing

32. Was bedeutet das aus dem Englischen stammende Wort »Chat« übersetzt?

- a) Plauderei
- b) Kiste
- c) Torte
- d) Gießkanne

33. Unter welchem Namen ging der Flugpionier Albrecht Ludwig Berblinger in die Geschichtsbücher ein?

- a) Müller von Bamberg
- b) Bäcker von Potsdam
- c) Fischer von Rostock
- d) Schneider von Ulm

34. **Woraus wird bei der Fotovoltaik Strom gewonnen?**

- a) aus Kohle
- b) aus Wind
- c) aus Wasser
- d) aus Licht

35. **Was schätzt du: Rund wie viele Menschen weltweit nutzen das Internet?**

- a) eine Milliarde
- b) zwei Milliarden
- c) drei Milliarden
- d) vier Milliarden

36. **Wie heißt ein großes Nachschlagewerk im Internet?**

- a) Yahoo
- b) Wikipedia
- c) Twitter
- d) eBay

Die Band **FREUNDESKREIS** sang vor einigen Jahren: »Leg dein Ohr auf die Schiene der Geschichte«.

Mit den Fragen in diesem Kapitel kannst du das tun. Teste dein Wissen über Geschichte, Politik und Religion und lerne dabei nebenbei einige berühmte Persönlichkeiten kennen!

1. **Wo herrschten vor mehreren Jahrtausenden die Pharaonen?**

- a) Japan
- b) Griechenland
- c) Ägypten
- d) Mexiko

2. **Welche Fischspeise wurde nach einem deutschen Politiker benannt?**

- a) Backfisch
- b) Bismarckhering
- c) Rollmops
- d) Forelle blau

3. **Aus welchem Land stammt Greta Thunberg, die Gründerin von »Fridays for Future«?**

- a) Schweden
- b) Schweiz
- c) Lettland
- d) Dänemark

GESCHICHTE, POLITIK & RELIGION

4. **Wann feiern die Amerikaner ihren Unabhängigkeitstag?**

- a) am 2. Mai
- b) am 4. Juli
- c) am 1. August
- d) am 3. Oktober

5. **Welches Wort bedeutet übersetzt Volksherrschaft?**

- a) Parlament
- b) Präsident
- c) Demokratie
- d) Bundeskanzler

6. **Die Kaaba in Mekka ist der wichtigste Wallfahrtsort des ...?**

- a) Islam
- b) Christentums
- c) Hinduismus
- d) Judentums

7. **Wie nannte sich eine Gruppe, die in der Zeit des Nationalsozialismus Widerstand leistete?**

- ☐ a) Gelbe Rose
- ☐ b) Rote Rose
- ☐ c) Weiße Rose
- ☐ d) Schwarze Rose

8. **Welches Schiff sank 1912 nach einem Zusammenstoß mit einem Eisberg?**

- ☐ a) Titanic
- ☐ b) Gorch Fock
- ☐ c) Bounty
- ☐ d) Arche Noah

9. **Wer gilt als Erfinder des gewaltlosen Widerstands?**

- ☐ a) George Washington
- ☐ b) Andreas Hofer
- ☐ c) Mahatma Gandhi
- ☐ d) Che Guevara

10. **Welches »Ei« steht für die einfache Lösung einer schwierigen Aufgabe?**

- a) Ei des Einstein
- b) Ei des Edison
- c) Ei des Goethe
- d) Ei des Kolumbus

11. **Welche Organisation setzt sich für den Schutz der Menschenrechte ein?**

- a) Amnesty International
- b) WWF
- c) NABU
- d) Greenpeace

12. **Wodurch wurde im Jahr 79 die römische Stadt Pompeji zerstört?**

- a) Großfeuer
- b) Vulkanausbruch
- c) Erdbeben
- d) Sturmflut

13. **Welche Mauer bestand von 1961 bis 1989?**

- a) Kaugummi-Mauer
- b) Chinesische Mauer
- c) Klagemauer
- d) Berliner Mauer

14. **Wer versteckte sich als Junker Jörg auf der Wartburg?**

- a) Martin Luther
- b) Robin Hood
- c) Karl Marx
- d) Friedrich Schiller

15. **Klaus Störtebeker war im Mittelalter ein berüchtigter ...?**

- a) Tankstellenräuber
- b) Seeräuber
- c) Bankräuber
- d) Handtaschenräuber

16. **Wer wurde 2013 zum Papst gewählt?**

- a) Benedikt
- b) Johannes
- c) Franziskus
- d) Pius

17. **In welchem Land heißt die Volksvertretung Duma?**

- a) Spanien
- b) Israel
- c) Frankreich
- d) Russland

18. **Was wurde von Kaufleuten im Mittelalter gegründet?**

- a) Paule
- b) Hanse
- c) Karle
- d) Fritze

19. **Welches Kleidungsstück wurde im alten Rom gerne getragen?**

- a) Tunika
- b) Hanfu
- c) Kimono
- d) Abaya

20. **Was findet man in einer Ritterburg?**

- a) Koje
- b) Kajüte
- c) Kemenate
- d) Kombüse

21. **In welchem Land war Napoelon Bonaparte Kaiser?**

- a) Frankreich
- b) Russland
- c) Österreich
- d) England

22. **Welches Wort wird für den Austritt Großbritanniens aus der Europäischen Union verwendet?**

- a) Brexaltation
- b) Brexcitement
- c) Brexam
- d) Brexit

23. **Welche Weltreligion begründete Siddhartha Gautama?**

- a) Judentum
- b) Buddhismus
- c) Islam
- d) Hinduismus

24. **Womit wurde in Deutschland bezahlt, bevor der Euro eingeführt wurde?**

- a) mit dem Deutschen Schilling
- b) mit der Deutschen Lira
- c) mit dem Deutschen Peso
- d) mit der Deutschen Mark

25. Wie wird das Verteidigungsministerium der USA genannt?

- a) Pentagon
- b) Alhambra
- c) Felsendom
- d) Verbotene Stadt

26. In welchem Land regierte der »Sonnenkönig«?

- a) Österreich
- b) England
- c) Frankreich
- d) Russland

27. Im Jahr 480 vor Christus siegten die Griechen über die Perser, in der Seeschlacht von …?

- a) Cabanossis
- b) Mortadellas
- c) Chorizos
- d) Salamis

28. Wer zählt zum britischen Königshaus?

- a) Prinz William
- b) Lord Voldemort
- c) Lotto King Karl
- d) König Willem-Alexander

29. Wie heißt ein kaiserliches Gesetzbuch aus dem Jahr 1356?

- a) Silberne Hengst
- b) Goldene Bulle
- c) Kupferne Bock
- d) Eiserne Rüde

30. In welchem Land regierten früher Shogune?

- a) Japan
- b) Iran
- c) Marokko
- d) Bulgarien

Was weißt du von den Weiten des Weltalls und den Fortschritten in der Wissenschaft?

Teste dich mit den folgenden Fragen und lerne viel Neues und Interessantes dazu! Vielleicht bist ja auch du schon bald ein bedeutender Wissenschaftler, über den clevere Quizfragen gestellt werden.

1. Was beginnt mit der Sommersonnenwende?

- a) Frühling
- b) Sommer
- c) Herbst
- d) Winter

2. Welche Farbe ist am äußeren Rand eines Regenbogens zu sehen?

- a) Rot
- b) Grün
- c) Blau
- d) Gelb

3. Welchen Himmelskörper betrat Neil Armstrong 1969 als erster Mensch?

- a) Merkur
- b) Mars
- c) Venus
- d) Mond

4. **Welches Vitamin wird von Wissenschaftlern Ascorbinsäure genannt?**

- a) Vitamin A
- b) Vitamin C
- c) Vitamin D
- d) Vitamin E

5. **Mit welcher Studie werden regelmäßig die Schulleistungen in verschiedenen Ländern verglichen?**

- a) ROM
- b) VENEDIG
- c) FLORENZ
- d) PISA

6. **Was wächst um etwa einen Zentimeter pro Monat?**

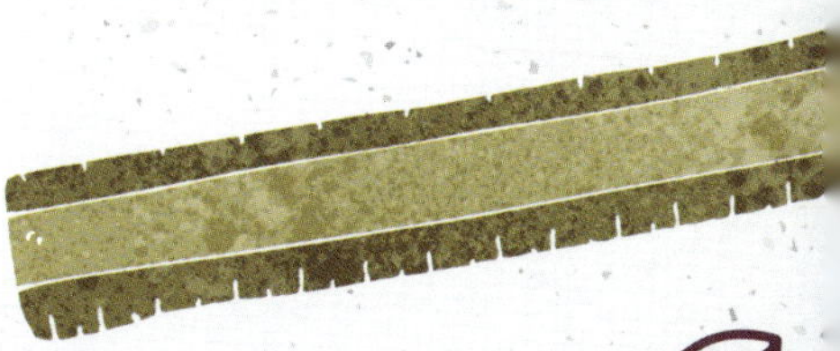

- a) Wimpern
- b) Zähne
- c) Kopfhaare
- d) Fingernägel

7. Welcher Planet unseres Sonnensystems ist am größten?

- a) Jupiter
- b) Venus
- c) Erde
- d) Neptun

8. Was hat der deutsche Physiker Wilhelm Conrad Röntgen entdeckt?

- a) Röntgentropfen
- b) Röntgenwellen
- c) Röntgentöne
- d) Röntgenstrahlen

9. Welches dieser Getränke enthält Koffein?

- a) Malzbier
- b) Kaffee
- c) Orangensaft
- d) Tafelwasser

10. Adam Ries war ein berühmter deutscher ...?

- a) Arzt
- b) Chemiker
- c) Historiker
- d) Mathematiker

11. Welcher Himmelskörper hat den Spitznamen »Roter Planet«?

- a) Saturn
- b) Sonne
- c) Mars
- d) Polarstern

12. Welcher Effekt trägt zur Erderwärmung bei?

- a) Treibhauseffekt
- b) Holzofeneffekt
- c) Brennspiegeleffekt
- d) Heizdeckeneffekt

13. Was wird mit einem EEG gemessen?

- a) Hirnströme
- b) Blutströme
- c) Atemströme
- d) Nasenströme

14. Von wem stammt die Relativitätstheorie?

- a) Stephen Hawking
- b) Isaac Newton
- c) Albert Einstein
- d) Max Planck

15. Was trägt in der Chemie die Bezeichnung H_2O?

- a) Kochsalz
- b) Diamant
- c) Bronze
- d) Wasser

16. **Womit lässt sich durch Satelliten im Weltall der Standort auf der Erde bestimmen?**

- a) AAC
- b) GPS
- c) MBR
- d) CPU

17. **Welche Wissenschaft beschäftigt sich mit der Wettervorhersage?**

- a) Meteorologie
- b) Anthropologie
- c) Ornithologie
- d) Soziologie

18. **Wo im menschlichen Körper befindet sich das Gleichgewichtsorgan?**

- a) im Herzen
- b) im Ohr
- c) im Darm
- d) in der Zunge

19. **Bei welchem Planeten ist sein Tag länger als sein Jahr?**

- ☐ a) Mars
- ☐ b) Uranus
- ☐ c) Neptun
- ☐ d) Merkur

20. **Welche Wissenschaftlerin wurde mit zwei Nobelpreisen ausgezeichnet?**

- ☐ a) Anna Pfeffer
- ☐ b) Waltraud Essig
- ☐ c) Marie Curie
- ☐ d) Jessica Salz

21. **Was wird mit der Richter-Skala bestimmt?**

- ☐ a) das Gehalt von Bankangestellten
- ☐ b) die Stärke von Erdbeben
- ☐ c) die Dauer einer Gerichtsverhandlung
- ☐ d) die Härte von Edelsteinen

22. **Welches Organ pumpt jeden Tag etwa 10 000 Liter Blut durch den Körper?**

- a) Milz
- b) Lunge
- c) Herz
- d) Leber

23. **Wie viele Planeten kreisen um die Sonne?**

- a) vier
- b) sechs
- c) acht
- d) zehn

24. **Wie nennt man in der Mathematik das Ergebnis einer Addition?**

- a) Summe
- b) Differenz
- c) Produkt
- d) Quotient

25. **Wer ist ein bekannter deutscher Astronaut?**

- a) Alexander Klaws
- b) Alexander Gerst
- c) Alexander Bommes
- d) Alexander Nübel

26. **Hippokrates von Kos gilt als Begründer der wissenschaftlichen ...?**

- a) Astronomie
- b) Physik
- c) Philosophie
- d) Medizin

27. **Was bewegt sich mit einer Geschwindigkeit von rund 300 000 Kilometern pro Sekunde?**

- a) Wind
- b) Licht
- c) Raumschiff
- d) Schall

28. **Was ist ein Bestandteil des menschlichen Auges?**

- ☐ a) Erbse
- ☐ b) Lupine
- ☐ c) Bohne
- ☐ d) Linse

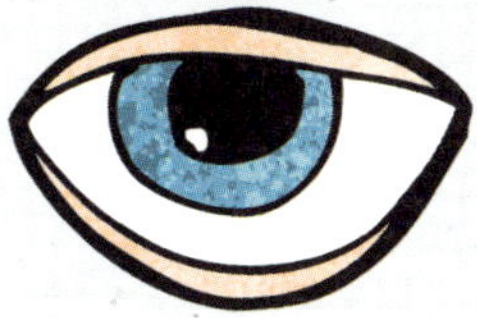

29. **Wie heißt die Galaxie, in der sich unser Sonnensystem, also auch unser Planet Erde, befindet?**

- ☐ a) Milchstraße
- ☐ b) Butterallee
- ☐ c) Eiergasse
- ☐ d) Zuckerweg

30. **Mit welchem Gerät lässt sich Radioaktivität nachweisen?**

- ☐ a) Pianistenzähler
- ☐ b) Gitarristenzähler
- ☐ c) Trompeterzähler
- ☐ d) Geigerzähler

Mit Quizfragen hältst du deinen Kopf fit – und mit **SPORT** deinen **KÖRPER**.

Teste mit den folgenden Fragen, was du alles über einige Sportarten und Spiele weißt! Anschließend hast du einen ganz schön langen Quiz-Marathon hinter dir und du kannst deinen Quiz-Quotienten ermitteln.

1. Wo wurden 1896 die ersten Olympischen Spiele der Neuzeit ausgetragen?

- a) Athen
- b) Los Angeles
- c) Moskau
- d) Madrid

2. In welcher Sportart gibt es den Tiebreak?

- a) Basketball
- b) Golf
- c) Tennis
- d) Eishockey

3. Mit welchem Fußballverein gewann Jürgen Klopp 2019 in der Champions League?

- a) Real Madrid
- b) FC Bayern München
- c) Juventus Turin
- d) FC Liverpool

SPORT & SPIEL

4. **Welches Spiel wurde 2019 zum Spiel des Jahres gekürt?**

- a) Scotland Yard
- b) Hase und Igel
- c) Die Siedler von Catan
- d) Just One

5. **Welches Ballspiel wird mit einem Federball gespielt?**

- a) Cricket
- b) Badminton
- c) Squash
- d) Lacrosse

6. **Wie nennt man eine Wettfahrt auf dem Wasser?**

- a) Regatta
- b) Armada
- c) Barkasse
- d) Galeone

7. **Wer wurde 2019 bereits zum sechsten Mal »Weltfußballer des Jahres«?**

- a) Mohamed Salah
- b) Lionel Messi
- c) Virgil van Dijk
- d) Cristiano Ronaldo

8. **Was zählt neben dem Schwimmen und Laufen zu einem Triathlon?**

- a) Speerwurf
- b) Kugelstoßen
- c) Radfahren
- d) Weitsprung

3

9. **Bei welchem Spiel gibt es unter anderem Türme und Läufer?**

- a) Schach
- b) Halma
- c) Dame
- d) Backgammon

10. Was wird auf dem Eis gespielt?

- a) Snooker
- b) Curling
- c) Darts
- d) Boccia

11. In welchem Land wurde die Fußball-Weltmeisterschaft 2018 ausgetragen?

- a) Frankreich
- b) Südafrika
- c) Brasilien
- d) Russland

12. In welcher Sportart gibt es den »Super Bowl«?

- a) Basketball
- b) Baseball
- c) Bowling
- d) American Football

13. Über welche Distanz geht ein Marathonlauf?

- a) 1,111 Kilometer
- b) 12,5 Kilometer
- c) 26,87 Kilometer
- d) 42,195 Kilometer

14. Bei welcher Sportart wird der Ball »eingelocht«?

- a) Golf
- b) Handball
- c) Bandy
- d) Wasserball

15. Was wird auch Königsklasse des Automobilsports genannt?

- a) Formel A
- b) Formel PS
- c) Formel 100
- d) Formel 1

16. Welche Abkürzung steht für den Internationalen Fußballverband?

- a) VfB
- b) FIFA
- c) KSC
- d) DFB

17. In welchem Stadtteil Londons wird jedes Jahr ein internationales Tennisturnier ausgetragen?

- a) Tottenham
- b) Chelsea
- c) Wimbledon
- d) Fulham

18. Welches Radrennen gibt es seit dem Jahr 1903?

- a) Vuelta a España
- b) Tour of Britain
- c) Giro d'Italia
- d) Tour de France

19. Wer ist ein berühmter deutscher Basketballspieler?

- a) Dirk Nowitzki
- b) Felix Neureuther
- c) Sebastian Vettel
- d) Manuel Neuer

20. Wie nennt man den Werfer beim Baseball?

- a) Batter
- b) Pitcher
- c) Umpire
- d) Catcher

21. Wie nennt man den vordersten Startplatz im Motorsport?

- a) Super Position
- b) Pole Position
- c) Best Position
- d) Field Position

22. **Aus welchem Land stammt der Fußballspieler Neymar?**

- a) Brasilien
- b) Uruguay
- c) Chile
- d) Argentinien

23. **Wie lautet eine andere Bezeichnung für das Schmetterlingsschwimmen?**

- a) Krake
- b) Hai
- c) Forelle
- d) Delfin

24. **Welche Mannschaft wurde bisher am häufigsten Deutscher Fußballmeister?**

- a) Hamburger SV
- b) FC Schalke 04
- c) FC Bayern München
- d) Borussia Dortmund

25. **In welchem Ballsport ist Angelique Kerber ein Ass?**

- a) Volleyball
- b) Fußball
- c) Basketball
- d) Tennis

26. **Wie viele Ringe sind auf der Olympischen Flagge abgebildet?**

- a) vier
- b) fünf
- c) sechs
- d) sieben

27. **In welchem Sport ist der Amerikaner Andy Ruiz ein Schwergewicht?**

- a) Boxen
- b) American Football
- c) Basketball
- d) Karate

28. **Welche Wintersportler bewegen sich auf einer Loipe?**

- a) Rennrodler
- b) Skilangläufer
- c) Snowboarder
- d) Eisschnellläufer

29. **Welche Nationalmannschaft gewann 2019 die Fußball-Weltmeisterschaft der Frauen?**

- a) Thailand
- b) USA
- c) Schweden
- d) Chile

30. **Bei welcher Sportart gibt es den Caddie?**

- a) Golf
- b) Rudern
- c) Polo
- d) Rugby

Antworten

1. Richtige Antwort: d)

Der Große Tümmler gehört zur Familie der Delfine. Es gibt etwa 40 verschiedene Delfinarten, aber der Große Tümmler ist der typischste Delfin von allen. Er ist auch der Star in der TV-Serie »Flipper«. Der Große Tümmler und alle anderen Delfine gehören zur Ordnung der Wale und sind – wie wir Menschen – Säugetiere. Übrigens: Wusstest du, dass Delfine nur mit einer Gehirnhälfte schlafen und beim Schlafen stets ein Auge geöffnet lassen?

2. Richtige Antwort: d)

Jahresringe nennt man die ringförmige Maserung in einem Baumstamm. Die Jahresringe spiegeln das Leben des Baumes wider und zeigen, wenn er sein Baumleben im Winter ruhiger angegangen ist und wenn er im Anschluss an den Winter das Frühholz gebildet hat. Durch das Zählen der Jahresringe kann man das Alter eines Baumes recht genau bestimmen. Ein Baumleben kann ziemlich lang sein: Es sind zum Beispiel gleich mehrere Langlebige Kiefern bekannt, die weit über 4000 Jahre alt sind.

3. Richtige Antwort: a)

Der Eisbär hat ein weißes Fell, aber seine Haut ist schwarz. Da er in der Region um den Nordpol herum lebt, kommt ihm die schwarze Haut zugute. Sie nimmt die Wärme der Sonnenstrahlen viel besser auf als helle Haut. Die Haut ist aber erst bei den ausgewachsenen Eisbären schwarz, bei den Eisbärjungen ist sie noch rosa. Eisbären sind die größten an Land lebenden Raubtiere.

4. Richtige Antwort: b)

Der Netzpython ist eine ungiftige, aber dennoch gefährliche Schlange. Er tötet seine Beute, indem er diese fest umschlingt. Deshalb zählt man ihn nicht nur zu den Riesenschlangen, sondern auch zu den Würgeschlangen. Der Netzpython wird normalerweise zwischen vier und sechs Meter lang, kann aber in Ausnahmefällen noch größer werden. Die Schlangenweibchen sind im Durchschnitt länger als die Schlangenmännchen. Statt »der Netzpython« kannst du auch »die Netzpython« sagen, unabhängig vom Geschlecht der Schlange.

5. Richtige Antwort: a)

Ameisen sind ganz wild auf die süßen Ausscheidungen der Blattläuse. Deshalb werden die Blattläuse von Ameisen gemolken. Im Gegenzug werden die Pflanzenschädlinge vor ihren Fressfeinden geschützt. Zu den größten Fressfeinden der Blattläuse zählt der Marienkäfer. Er begnügt nicht sich damit, die Blattläuse zu melken, sondern er frisst diese auf. Das macht den Marienkäfer zu einem echten Nützling für Gärtner und Landwirte.

6. Richtige Antwort: c)

Es gibt über 100 Arten von Kannenpflanzen. Gemeinsam ist allen Kannenpflanzen, dass sie Insekten in einen Behälter locken, der wie eine Kanne aussieht. Fällt das Insekt in die Flüssigkeit, die in der Kanne enthalten ist, wird es innerhalb weniger Tage verdaut. Kannenpflanzen sind also fleischfressende Pflanzen.

7. Richtige Antwort: c)

Das Murmeltier ist ein großes Nagetier, das einen Winterschlaf hält, der zwischen sechs und neun Monate dauern kann. Daher stammt die Redewendung »schlafen wie ein Murmeltier«. In den warmen Monaten fressen sich die Murmeltiere das Fett an, von dem sie dann während des Winterschlafs zehren. Der Herzschlag und die Atmung sind während des Winterschlafs stark reduziert, damit die Murmeltiere mit ihren Fettreserven über die kalten Monate kommen.

8. Richtige Antwort: a)

Der Afrikanische Strauß ist ein Laufvogel, der 2,50 Meter hoch und über 100 Kilogramm schwer werden kann. Der Strauß kann zwar nicht fliegen, aber dafür sehr schnell laufen – er erreicht eine Geschwindigkeit von bis zu 70 km/h. Ein Straußenei wiegt bis zu zwei Kilogramm. Und noch ein Rekord: Die Augen des Afrikanischen Straußes haben einen Durchmesser von etwa fünf Zentimetern – sie sind damit viel größer als die Augen von Menschen oder Elefanten.

9. Richtige Antwort: c)

Ja, ein Baum trägt eine Krone. Als Baumkrone bezeichnet man nämlich den Teil des Baumes, der sich oben am Baumstamm befindet, also das Gebilde aus Ästen und Zweigen. Die Krone eines Baumes ist der Lebensraum für viele Tiere, zum Beispiel für Vögel und Eichhörnchen.

10. Richtige Antwort: d)

Wildgänse und andere große Zugvögel fliegen in einer V-Formation. Diese Formation heißt so, weil sie wie der Buchstabe V aussieht. Man nennt sie auch Keilformation. Die V-Formation sorgt für einen geringeren Luftwiderstand beim Fliegen und hilft den Vögeln, Energie zu sparen – so können sie weitere Strecken zurücklegen. Die Vögel wechseln untereinander ab, sodass immer ein anderer an der Spitze fliegt.

11. Richtige Antwort: b)

Die Kloakentiere sind die einzigen Säugetiere auf der ganzen Welt, die Eier legen. Denn normalerweise bringen Säugetiere ihre Jungen lebend zur Welt. Zu den Kloakentieren gehören die Ameisenigel sowie das Schnabeltier. Die Kloakentiere leben in Australien und Neuguinea. Kloakentiere heißen so, weil bei ihnen Darm, Harnleiter und Geschlechtsorgan in einer einzigen Öffnung, der Kloake, münden.

12. Richtige Antwort: b)

Die Echten Witwen sind eine Spinnengattung mit über 30 Spinnenarten. Besonders giftig ist die Schwarze Witwe. Aber keine Bange: Nur sehr wenige Menschen sterben am Biss einer Schwarzen Witwe. Wie bei vielen anderen Spinnenarten ist auch bei der Schwarzen Witwe das Männchen viel kleiner als das Weibchen. Die Schwarze Witwe hat einen schwarzen Körper, der meistens rot, manchmal aber auch in anderen Farben gefleckt ist.

13. Richtige Antwort: c)

Die meisten Tiger gibt es in Indien, nämlich etwa 1500 – ganz genaue Zahlen gibt es nicht. Auf der ganzen Welt leben nur noch bis zu 5000 Tiger in freier Wildbahn. Der Tiger zählt zu den vom Aussterben bedrohten Tierarten. Trotzdem gibt es auch heute noch Wilderer, die ihnen nachstellen. In Indien und anderen Ländern Asiens wurden für die Tiger Schutzgebiete eingerichtet.

14. Richtige Antwort: a)

Die Lärche ist ein Nadelbaum aus der Familie der Kieferngewächse. Wie ein Laubbaum wirft die Lärche im Herbst ihre Nadeln ab. Sie zählt deshalb zu den sommergrünen Bäumen. Als höchste Lärche Europas gilt die 45 Meter hohe Hildegard-Lärche am Bodensee. Sie ist rund 300 Jahre alt. Verwechsle die Lärche nicht mit der Lerche – die Lerche ist ein Singvogel.

15. Richtige Antwort: d)

Mit der Oktettmethode werden Regenwürmer gefangen. Dazu werden acht Elektroden in einem Kreis in den Boden gestoßen. Dann wird Strom in den Boden geleitet und die Regenwürmer kriechen aus der Erde. Dort müssen sie nur noch eingesammelt werden. Aber warum werden die Regenwürmer denn überhaupt gefangen? Nur um sie zu zählen. Die Oktettmethode wurde von einem Biologen namens Ullrich Thielemann erfunden.

16. Richtige Antwort: d)

In der Biologie zählt auch der Mensch zu den Menschenaffen – neben den Orang-Utans, Gorillas und Schimpansen. Der nächste Verwandte des Menschen ist der Schimpanse, der in Afrika lebt. So wie der Mensch verwendet auch der Schimpanse Werkzeuge, zum Beispiel einen Stein, um eine Nuss zu knacken, einen Stock zum Graben oder zerkaute Blätter als Schwamm.

17. Richtige Antwort: c)

Eine »Rote Liste« mit gefährdeten Arten wurde im Jahr 1964 veröffentlicht. Auf dieser Liste werden sowohl Tiere als auch Pflanzen eingetragen, die vom Aussterben bedroht sind. 2019 wurden auf der Roten Liste weit über hunderttausend Tier- und Pflanzenarten geführt – davon waren rund 28 000 vom Aussterben bedroht. Die Rote Liste wird regelmäßig von der Weltnaturschutzorganisation IUCN erstellt.

18. Richtige Antwort: a)

Obwohl wir häufig Koalabär zu ihm sagen, heißt der Koalabär eigentlich nur Koala. Er sieht ein wenig aus wie ein knuffiger Teddybär. Aber der Koala ist kein Bär, sondern ein Beutelsäuger. Er lebt in Australien. Dort bewohnt er Bäume und ernährt sich von den Blättern, den Früchten und der Rinde verschiedener Eukalyptusarten.

19. Richtige Antwort: d)

Es gibt tatsächlich Muscheln, die sich als Schmuckhersteller betätigen: Sie produzieren Perlen. Warum sie dies tun, darüber sind sich die Wissenschaftler nicht so ganz einig. Sicher ist nur, dass Perlen schon seit Jahrtausenden als Schmuckstücke verwendet werden. Eine Perle gilt nur als »echte Perle«, wenn sie ohne menschliches Zutun gewachsen ist.

20. Richtige Antwort: d)

Der größte Pinguin der Welt ist der Kaiserpinguin. Er kann bis zu 1,30 Meter groß werden. Die Kaiserpinguine leben in der Antarktis und gehen dort im Ozean in einer Gruppe auf die Jagd. Sie ernähren sich von Fischen, Tintenfischen und Krebstieren. Bei der Jagd kann ein Kaiserpinguin über 500 Meter tief tauchen.

21. Richtige Antwort: b)

Ein Pferd hat drei Grundgangarten, nämlich den Schritt, den Trab und den Galopp. Daneben gibt es noch einige besondere Gangarten wie zum Beispiel den Tölt und den Pass. Von allen Gangarten ist der Galopp am schnellsten. Es gibt aber auch noch Unterschiede beim Galopp: Unter anderem gibt es den versammelten Galopp, den Arbeitsgalopp und den starken Galopp.

22. Richtige Antwort: c)

Die Krankheit Malaria wird in tropischen Ländern von der Anopheles-Stechmücke übertragen. Diese Stechmücke ist damit das gefährlichste Tier der Welt, denn an Malaria sterben auf der Welt jedes Jahr ein bis zwei Millionen Menschen. Ein anderes Wort für Malaria ist Sumpffieber.

23. Richtige Antwort: a)

Genau wie bei den Rindern: Ein weiblicher Wal wird Kuh genannt, ein männlicher Wal Bulle und ein Jungtier Kalb. Allerdings leben Wale nicht wie Rinder in einer Herde zusammen, sondern man bezeichnet eine Gruppe von Walen als Schule. Der größte Wal und gleichzeitig das größte lebende Tier der Erde ist der Blauwal, der eine Länge von 30 Metern erreichen kann. Allein sein Herz wiegt so viel wie ein Kleinwagen.

24. Richtige Antwort: d)

Es gibt über 2000 Arten von Skorpionen, doch eines ist allen gemeinsam: Sie haben acht Beine. Skorpione zählen nämlich zu den Spinnentieren, und jedes Spinnentier hat acht Beine. Insekten haben hingegen lediglich sechs Beine. Skorpione haben einen Giftstachel in ihrem Schwanz. Das Gift der meisten Skorpione ist für den Menschen nicht schädlich. In einigen Ländern solltest du dich allerdings vor gefährlichen Skorpionen hüten, zum Beispiel in Mexiko.

25. Richtige Antwort: c)

Den Kuckuck kennst du bestimmt wegen seines auffälligen Rufs: »Kuckuck, Kuckuck«. Aber wusstest du auch, dass dieser Vogel seine Eier nicht selbst ausbrütet? Er legt sie einfach in fremde Nester und lässt andere Vogelarten die Aufzucht seiner Jungen übernehmen. Man nennt den Kuckuck deshalb einen Brutparasiten. Es gibt in der Vogelwelt noch weitere Brutparasiten, etwa die Kuhstärlinge und die Witwenvögel.

26. Richtige Antwort: c)

Ein bekannteres Wort für das Chlorophyll lautet Blattgrün. Das Blattgrün ist ein natürlicher Farbstoff. Dieser Farbstoff hat eine besondere Eigenschaft: Er kann Lichtenergie in chemische Energie umwandeln. Dieser Vorgang wird Fotosynthese genannt. Bei der Fotosynthese entsteht Sauerstoff. Ein einziger großer Baum kann so viel Sauerstoff produzieren, wie 50 Menschen zum Atmen benötigen.

27. Richtige Antwort: c)

Wenn ein Schmetterling über die Wiesen und Felder flattert, hat er bereits eine lange Entwicklung hinter sich. Zunächst ist da ein Ei, aus dem sich Raupen entwickeln. Aus der Raupe wird dann später eine Puppe, in der sich der fertige Schmetterling entwickelt. Auf der ganzen Welt gibt es rund 160.000 verschiedene Schmetterlingsarten.

28. Richtige Antwort: b)

Wie bei anderen Beuteltieren wächst auch beim Känguru das Junge im Bauch seiner Mutter heran. Nach der Geburt kriecht ein Känguru-Baby von sich aus in den Beutel der Mutter und beginnt an einer Zitze zu saugen. Erst nach etwa einem halben Jahr verlässt das Känguru-Junge den Beutel der Mutter.

29. Richtige Antwort: a)

Honigbienen verständigen sich durch Tanzen. Ist eine Nahrungsquelle weiter entfernt, berichten die Bienen ihren Artgenossen mit dem Schwänzeltanz, in welcher Richtung und welcher Entfernung sich die Nahrung finden lässt. Zusätzlich kennen die Bienen den Rundtanz. Diesen verwendet eine Honigbiene dann, wenn sich die Nahrungsquelle in der Nähe des Bienenstocks befindet. Während Bienen von Blüte zu Blüte fliegen, um ihre Nahrung zu sammeln, bestäuben sie die Pflanzen ganz nebenbei und sorgen so dafür, dass diese sich vermehren können.

30. Richtige Antwort: d)

Der Leberwurstbaum ist in Afrika weit verbreitet. Er heißt so, weil seine Früchte wie eine Leberwurst aussehen – zumindest, wenn man viel Fantasie mitbringt. Einer afrikanischen Weisheit zufolge solltest du unter einem Leberwurstbaum nicht übernachten. Denn man kann leicht von den schweren Früchten erschlagen werden oder aber es kommt eine Elefantenherde zum Fressen der Früchte.

Antworten

1. Richtige Antwort: b)

In Tibet kann es dir tatsächlich passieren, dass dir jemand zur Begrüßung die Zunge rausstreckt. Allerdings ist das nur eine Form der Begrüßung, die nicht von jedem und nicht überall verwendet wird. Ursprünglich wollten die Tibeter durch das Zungerausstrecken beweisen, dass sie nicht mit dem Bösen im Bunde stehen. Denn das kann man nach dem Glauben mancher Tibeter von der Zunge ablesen.

2. Richtige Antwort: d)

Das Tote Meer liegt 428 Meter unter dem Meeresspiegel und grenzt an Israel, Jordanien und das Westjordanland. Das Wasser hat einen Salzgehalt von rund 30 Prozent. Das ist so viel, dass du auf der Wasseroberfläche liegen kannst, ohne dass du schwimmen musst. Viele Urlauber lassen sich fotografieren, während sie sich im Wasser des Toten Meers treiben lassen und eine Zeitung lesen.

3. Richtige Antwort: a)

Die Seufzerbrücke ist eine berühmte Sehenswürdigkeit in Venedig. Sie wurde um das Jahr 1600 herum erbaut und verbindet den Dogenpalast mit dem ehemaligen Gefängnis. Ihren Namen soll die Brücke erhalten haben, weil die Gefangenen ziemlich zu seufzen hatten, wenn sie über die Brücke ins Gefängnis geführt wurden.

STADT, LAND, FLUSS

4. Richtige Antwort: c)

Die kältesten Temperaturen wurden bisher in der Antarktis gemessen, also am Südpol der Erde. In der russischen Forschungsstation Wostok zeigte das Thermometer zum Beispiel im Jahr 1983 einmal die Temperatur -89,2 Grad Celsius an. Auch wenn das schon extrem kalt ist – vom absoluten Nullpunkt, der tiefsten Temperatur, die es überhaupt gibt, ist das noch weit entfernt. Der absolute Nullpunkt liegt bei -273,15 Grad Celsius.

5. Richtige Antwort: b)

Die türkische Großstadt Istanbul hatte in der Geschichte verschiedene Namen, unter anderem Konstantinopel. Diesen Namen hat die Stadt vom römischen Kaiser Konstantin dem Großen erhalten, der im dritten und vierten Jahrhundert nach Christus lebte und Konstantinopel zu seiner Hauptresidenz machte.

6. Richtige Antwort: d)

Die Cheops-Pyramide ist eine der Pyramiden von Gizeh in Ägypten. Sie ist mit einer Höhe von rund 139 Metern die höchste Pyramide der Welt. Ursprünglich war die Pyramide sogar fast 147 Meter hoch. Die Pyramide war das Grabmal für den ägyptischen König Cheops, der vor rund 4600 Jahren lebte – und so alt ist auch diese Pyramide.

7. Richtige Antwort: a)

Der Golf ist eine größere Meeresbucht und hat nichts mit der gleichnamigen Sportart oder dem Automodell zu tun. Ein anderes Wort für den Golf lautet Meerbusen. Wird von den Golfstaaten gesprochen, so meint man die Staaten, die am Persischen Golf liegen, zum Beispiel Saudi-Arabien und Iran. Doch es gibt auf der Welt noch viele weitere Golfe.

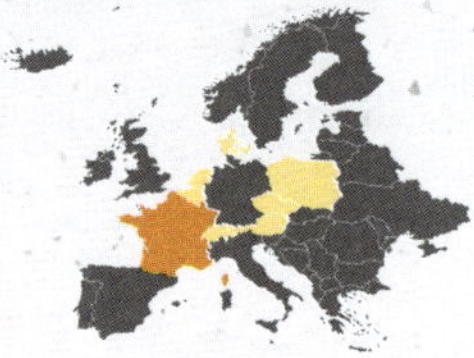

8. Richtige Antwort: d)

Von den neun Nachbarstaaten ist Frankreich am größten. Frankreich, das im Westen an Deutschland grenzt, hat eine Fläche von 543 965 Quadratkilometern. Zum Vergleich: Die Fläche Deutschlands beträgt lediglich 357 578 Quadratkilometer. Die längste Grenze hat Deutschland aber zum kleineren Nachbarn Österreich, nämlich etwa 815 Kilometer.

9. Richtige Antwort: c)

Der Mount Everest, der mit 8848 Metern höchste Berg der Erde, wurde im Jahr 1856 nach dem britischen Landvermesser George Everest benannt. Die Einheimischen nennen den Berg allerdings anders: Auf Tibetisch heißt er Tschomolungma und auf Nepalesisch Sagarmatha. Zum ersten Mal bestiegen wurde der Mount Everest im Jahr 1953 von Edmund Hillary und Tenzing Norgay.

10. Richtige Antwort: a)

Die Freiheitsstatue steht auf der kleinen Insel Liberty Island im Hafen von New York City. Dort wurde die Statue am 28. Oktober 1886 eingeweiht, und zwar als Geschenk der Franzosen an die Amerikaner. Die Freiheitsstatue ist rund 46 Meter hoch, mit Sockel sogar 93 Meter. Die Freiheitsstatue besteht im Inneren aus Stahl und hat außen eine Hülle aus Kupfer.

11. Richtige Antwort: b)

Die Sahara im Norden Afrikas ist über neun Millionen Quadratkilometer groß und damit die größte Trockenwüste der Erde. Die Wüste ist etwa 26-mal so groß wie Deutschland. Etwa ein Fünftel der Sahara ist Sandwüste, größere Teile der Wüste bestehen aber aus Kies, Steinen und Geröll.

12. Richtige Antwort: b)

Ein Hurrikan ist ein tropischer Wirbelsturm, der im nördlichen Teil des Atlantischen Ozeans auftreten kann. Der Name Hurrikan stammt ursprünglich aus der Sprache der Taíno, einem Indianervolk in der Karibik. In dieser Sprache wurden die Wirbelstürme als hurakán bezeichnet.

13. Richtige Antwort: a)

Das Great Barrier Reef – auf Deutsch: das Große Barriereriff – in Australien ist eine Ansammlung von fast 3000 Korallenriffen, die sich auf einer Fläche von rund 35 Millionen Hektar ausbreiten. Schon seit 1981 zählt das Great Barrier Reef zum Weltnaturerbe der Menschheit. Es wird außerdem zu den sieben Weltwundern der Natur gezählt.

14. Richtige Antwort: d)

Machu Picchu wurde im 15. Jahrhundert von den Inka erbaut, einem Indianervolk in Südamerika. Die Ruine von Machu Picchu kann heute in über 2400 Metern Höhe in Peru besichtigt werden. Allerdings wird Machu Picchu von Touristen aus aller Welt förmlich überrannt, deshalb wurden Beschränkungen für die höchste Anzahl der Touristen pro Tag und die Besichtigungszeiten festgelegt.

15. Richtige Antwort: c)

Der Ärmelkanal ist ein Meeresarm, der zwischen Frankreich und England liegt. Er verbindet den Atlantischen Ozean mit der Nordsee. Der engste Teil des Ärmelkanals wird auch »Straße von Dover« genannt – benannt nach der englischen Hafenstadt Dover, die am Ärmelkanal liegt. Wer von Frankreich nach England reisen möchte, kann mit der Fähre von Calais nach Dover übersetzen.

16. Richtige Antwort: d)

Das Land mit der größten Fläche in Afrika ist Algerien. Algerien ist rund 2,4 Millionen Quadratkilometer groß und damit etwas größer als die Demokratische Republik Kongo, das zweitgrößte afrikanische Land. Allerdings hat Algerien nur 41 Millionen Einwohner. Die mit weitem Abstand größte Bevölkerung von allen Ländern Afrikas hat Nigeria, nämlich über 200 Millionen.

17. Richtige Antwort: a)

Das Brandenburger Tor befindet sich am Pariser Platz in Berlin. Der preußische König Friedrich Wilhelm II. ließ das Tor von 1789 bis 1793 als Abschluss für die Prachtstraße Unter den Linden errichten. Oben auf dem Brandenburger Tor ist die römische Siegesgöttin Victoria in einem Streitwagen zu sehen, der von vier Pferden gezogen wird. Ein solches Viergespann nennt man auch Quadriga.

18. Richtige Antwort: d)

Andalusien ist eine Region im Süden Spaniens. Unter anderem ist die Region für ihre Musik und ihre Tänze bekannt, die Flamenco genannt werden. Die größte Stadt Andalusiens ist Sevilla, das rund 690 000 Einwohner hat. Einer Legende zufolge wurde diese Stadt vom griechischen Helden Herkules gegründet.

19. Richtige Antwort: a)

Die größte Insel der Erde ist mit einer Fläche von 2 166 086 Quadratkilometern Grönland. Grönland gehört zu Dänemark, verwaltet sich jedoch selbst und hat eine eigene Regierung. Auf Grönland leben lediglich 0,026 Einwohner pro Quadratkilometer. Zum Vergleich: In Deutschland sind es etwa 232 Einwohner pro Quadratkilometer, also über 10 000-mal mehr.

20. Richtige Antwort: c)

Das Kap der Guten Hoffnung ist ein Kap an der Südspitze von Afrika. Wegen seiner steilen Klippen war das Kap bei Seefahrern früher ziemlich gefürchtet. Nicht sehr weit vom Kap der Guten Hoffnung entfernt liegt die südafrikanische Großstadt Kapstadt, die nach dem Kap benannt wurde.

21. Richtige Antwort: d)

Das Kaspische Meer ist kein Meer, sondern ein riesiger Salzwassersee mit einer Fläche von 386 400 Quadratkilometern. Als See gilt das Kaspische Meer deshalb, weil es ein Binnengewässer ist, das keine Verbindung mit einem Ozean hat. Salzwasserseen zeichnen sich durch einen hohen Salzgehalt aus, während der Salzgehalt bei Süßwasserseen nur gering ist.

22. Richtige Antwort: a)

Das Taj Mahal ist ein sehr großer und kunstvoller Grabpalast am Rand der indischen Stadt Agra. Der Großmogul Shah Jahan ließ das Taj Mahal ab dem Jahr 1631 für seine verstorbene Frau Mumtaz Mahal erbauen. Später wurde der Großmogul von seinem eigenen Sohn entmachtet und gefangen gehalten. Er starb 1666 und wurde im Taj Mahal neben seiner geliebten Frau beigesetzt.

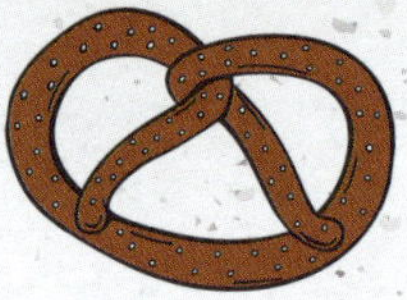

23. Richtige Antwort: d)

Das Oktoberfest wird jedes Jahr auf der Theresienwiese in der bayerischen Stadt München veranstaltet. Zum ersten Mal gab es das Fest im Jahr 1810. Damals wurde die Hochzeit des Kronprinzen Ludwig von Bayern mit Prinzessin Therese gefeiert. Von dieser Prinzessin hat die Theresienwiese ihren Namen. Das Oktoberfest wird jedes Jahr von rund sechs Millionen Menschen besucht.

24. Richtige Antwort: b)

Das Wort Oase bedeutet so viel wie »bewohnter Ort«. So wird ein fruchtbares Gebiet genannt, das sich zum Beispiel mitten in einer Wüste befinden kann. Es gibt unterschiedliche Arten von Oasen – je nachdem, woher das Wasser stammt, welches das Gebiet fruchtbar macht. Unter anderem gibt es Flussoasen, Grundwasseroasen und Nebeloasen.

25. Richtige Antwort: c)

Der Jangtsekiang ist mit einer Länge von 6380 Kilometern der längste Fluss Chinas und auch ganz Asiens. Nach dem Nil und dem Amazonas ist er der drittlängste Fluss der Erde. Die Quelle des Jangtsekiang befindet sich im Hochland von Tibet. Von dort schlängelt er sich quer durch China und mündet schließlich bei der chinesischen Metropole Schanghai ins Ostchinesische Meer.

26. Richtige Antwort: b)

Der Eiffelturm steht in der französischen Hauptstadt Paris. Er ist – mit Antenne – fast 325 Meter hoch und besteht aus Eisen. Erbaut hat den Eiffelturm in den Jahren 1887–1889 der französische Ingenieur Gustave Eiffel. Nach ihm wurde der Turm benannt. Im Winter ist der Eiffelturm übrigens 15–30 Zentimeter kürzer als im Sommer, da sich das Eisen bei Kälte zusammenzieht und bei Wärme wieder ausdehnt.

27. Richtige Antwort: b)

Die San-Andreas-Verwerfung befindet sich zwischen zwei Kontinentalplatten, nämlich der Nordamerikanischen Platte und der Pazifischen Platte. Sie durchzieht den amerikanischen Bundesstaat Kalifornien. Auf der San-Andreas-Verwerfung kommt es häufig zu Erdbeben. Ein besonders schlimmes Erdbeben gab es im Jahr 1906 in der kalifornischen Stadt San Francisco.

28. Richtige Antwort: c)

Der Schiefe Turm von Pisa ist eine berühmte Sehenswürdigkeit. Er steht in der Stadt Pisa in der italienischen Region Toskana. Der Grundstein für den Turm wurde am 9. August 1173 gelegt. Doch schon während des Baus begann der Turm, sich in Richtung Südosten zu neigen. Die Ursache für die Schieflage des Turms ist der sandige und lehmige Untergrund, auf dem er erbaut wurde.

29. Richtige Antwort: a)

Die Anden sind eine Gebirgskette in Südamerika. Sie durchziehen mehrere südamerikanische Länder, nämlich Venezuela, Kolumbien, Ecuador, Peru, Bolivien, Argentinien und Chile. Der höchste Berg der Anden ist der Aconcagua mit einer Höhe von 6961 Metern. Der Aconcagua ist damit der höchste Berg außerhalb Asiens. Mit einer Länge von rund 7500 Kilometern sind die Anden die längste Gebirgskette der Erde.

30. Richtige Antwort: c)

Auf der Osterinsel lassen sich Hunderte Statuen aus Stein bestaunen. Diese Steinstatuen werden Moai genannt und sind bis zu 1500 Jahre alt. Die Osterinsel wurde deshalb so genannt, weil der niederländische Seefahrer Jakob Roggeveen am Ostersonntag des Jahres 1722 dort landete.

31. Richtige Antwort: b)

Der Times Square befindet sich in der amerikanischen Metropole New York City, genauer gesagt an der Kreuzung von Broadway und Seventh Avenue. Seinen Namen hat der Times Square von der Zeitung »New York Times«, die ihren Sitz am Times Square hat. Der Times Square ist unter anderem für seine vielen bunten Leuchtreklamen bekannt und ein berühmter Treffpunkt für Touristen in New York City.

32. Richtige Antwort: c)

Der höchste Berg auf dem Kontinent Afrika ist der Kibo. Er hat eine Höhe von 5895 m und befindet sich im Kilimandscharo-Hochgebirge im afrikanischen Land Tansania. Der Name Kibo stammt aus der afrikanischen Sprache Swahili und bedeutet »der Helle«. Kongo, Togo und Mali sind, wie Tansania, Länder auf dem afrikanischen Kontinent.

33. Richtige Antwort: a)

Die thailändische Hauptstadt Bangkok wird jedes Jahr von über 20 Millionen Menschen besucht, die dort mindestens einmal übernachten. In der Landessprache heißt Bangkok »Krung Thep«. Der volle Name Bangkoks ist ziemlich lang: »Krung Thep Maha Nakhon Amon Rattanakosin Mahinthara Yutthaya Mahadilok Phop Noppharat Ratchathani Burirom Udom Ratchaniwet Maha Sathan Amon Phiman Awatan Sathit Sakkathattiya Witsanukam Prasit«.

34. Richtige Antwort: c)

Petra bedeutet ins Deutsche übersetzt »Fels«. So heißt auch eine berühmte Felsenstadt in Jordanien, die 1985 ins UNESCO-Welterbe aufgenommen wurde. In der Zeit der Antike – vor über 2000 Jahren – war Petra die Hauptstadt der Nabatäer. Die Nabatäer waren sogenannte Halbnomaden, die zwar wie Nomaden herumzogen, aber gleichzeitig auch Siedlungen erbauten.

35. Richtige Antwort: d)

Die Niagarafälle liegen auf der Grenze zwischen dem US-amerikanischen Bundesstaat New York und der kanadischen Provinz Ontario. Benannt sind diese mächtigen Wasserfälle nach dem nur rund 58 km langen Niagara River, der vom Eriesee in den Ontariosee fließt. Bei den Niagarafällen stürzt der Fluss bis zu 57 m in die Tiefe. Bereits Mitte des 18. Jahrhunderts wurden die Niagarafälle zum Antrieb von Wassermühlen genutzt, seit dem Jahr 1882 wird mit der aus den Niagarafällen gewonnenen Wasserkraft Strom erzeugt.

36. Richtige Antwort: b)

Die »Museumsinsel« ist ein Teil der Spreeinsel in Berlin, die im Fluss Spree liegt. Auf der Museumsinsel kannst du fünf Museen auf einmal besuchen: das »Alte Museum«, das »Neue Museum«, die »Alte Nationalgalerie«, das »Bode-Museum« und das »Pergamonmuseum«. Unter anderem gibt es in den Museen zahlreiche Kunstwerke und Gegenstände aus der Zeit der Antike zu bestaunen.

Antworten

1. Richtige Antwort: c)

Der Gefährte der Romanfigur Robinson Crusoe heißt Freitag. Er ist ein ehemaliger Kannibale, dem er bei der Flucht vor seinen Feinden geholfen hat, und wird sein bester Freund. Und den kann Robinson Crusoe gut gebrauchen, denn als er Freitag hilft, lebt er schon seit über 20 Jahren ganz allein auf einer einsamen Insel. Das Vorbild für die Figur des Robinson Crusoe ist der schottische Seefahrer Alexander Selkirk – der musste aber bloß vier Jahre und vier Monate auf einer einsamen Insel verbringen.

2. Richtige Antwort: a)

Die »Mona Lisa« ist eines der berühmtesten Gemälde der Welt. Es wird in Paris im Louvre, einem großen Kunstmuseum, ausgestellt. Leonardo da Vinci hat die »Mona Lisa« zu Beginn des 16. Jahrhunderts gemalt, also im Zeitalter der Renaissance. Das Gemälde zeigt eine lächelnde Frau. Wer es ist, weiß man nicht sicher, es könnte sich aber um Lisa del Giocondo handeln, die Ehefrau eines Tuchhändlers aus Florenz.

3. Richtige Antwort: d)

Fabeln sind kurze Erzählungen, in denen vor allem Tiere die Hauptrolle spielen und wie Menschen handeln. In alten Fabeln haben viele Tiere einen Namen. So heißt zum Beispiel der Wolf Isegrim, der Fuchs Reineke, der Storch Adebar und der Bär Meister Petz. Und wie heißt der Hase in alten Fabeln? Meister Lampe.

BÜCHER & BILDENDE KUNST

4. Richtige Antwort: a)

Der Häuptling im Dorf des Asterix heißt Majestix. Er lässt sich meistens von zwei Untertanen stolz auf einem Schild herumtragen. Das erster »Asterix«-Heft ist 1961 in Frankreich erschienen, erst 1968 folgte die deutsche Übersetzung. Der Titel des ersten »Asterix«-Hefts lautete »Asterix der Gallier«.

5. Richtige Antwort: b)

»Sein oder Nichtsein, das ist hier die Frage.« So lautet ein berühmtes Werk aus dem Theaterstück »Hamlet« von William Shakespeare. Es handelt sich um die ziemlich tragische Geschichte des dänischen Prinzen Hamlet. William Shakespeare hat dieses Theaterstück schon zu Beginn des 17. Jahrhunderts geschrieben, aber es wird auch heute noch häufig aufgeführt.

6. Richtige Antwort: c)

Pablo Picasso lebte von 1881 bis 1973. Er war ein berühmter spanischer Maler und Bildhauer. Während seiner Künstlerlaufbahn durchlief er unterschiedliche Phasen, etwa eine Blaue Periode und eine Rosa Periode. Ein sehr bekanntes und sehr großes Gemälde von Picasso heißt »Guernica« – es ist 7,77 Meter breit und 3,49 Meter hoch.

7. Richtige Antwort: d)

Das Zauberinternat in den »Harry Potter«-Romanen trägt den Namen Hogwarts. Es befindet sich in Schottland in der Nähe von Dufftown. Die Zauberschüler leben in Hogwarts in vier verschiedenen Häusern: Gryffindor, Hufflepuff, Ravenclaw und Slytherin. Am ersten Tag jedes Schuljahres teilt ein sprechender Hut die Schüler den Internatshäusern zu. Harry Potter, Ron Weasley und Hermine Granger wurden dem Haus Gryffindor zugeteilt.

8. Richtige Antwort: a)

Der deutsche Dichter Johann Wolfgang von Goethe arbeitete etwa 60 Jahre lang an seinem Werk »Faust«. Es geht darin um einen Gelehrten namens Dr. Heinrich Faust, der eine Wette mit Mephisto, dem Teufel, eingeht. Dass das nicht gut ausgehen kannst, das kannst du dir schon denken. Deshalb ist »Faust« auch keine Komödie, sondern eine Tragödie.

9. Richtige Antwort: d)

Die schwedische Schriftstellerin Astrid Lindgren lebte von 1907 bis 2002. Sie hat in ihren Romanen eine Menge bekannter Figuren ausgedacht, unter anderem das bärenstarke Mädchen Pippi Langstrumpf. Pippi heißt mit vollem Namen Pippilotta Viktualia Rollgardina Pfefferminz Efraimstochter Langstrumpf. Sie wohnt in der Villa Kunterbunt und erlebt mit ihren Freunden Tommy und Annika so manche Abenteuer.

10. Richtige Antwort: a)

Der Frankfurter Arzt Heinrich Hoffmann veröffentlichte im Jahr 1845 das Bilderbuch »Struwwelpeter«. Es ist seither aus kaum einem Kinderzimmer wegzudenken. Der »Struwwelpeter« enthält eine ganze Reihe bekannter Geschichten: neben der vom Struwwelpeter selbst zum Beispiel auch die vom bösen Friedrich, vom Suppen-Kaspar, vom Zappel-Philipp und vom Hanns Guck-in-die-Luft.

11. Richtige Antwort: d)

Ein Bildhauer schafft Skulpturen. Zu einer Skulptur kannst du auch Plastik sagen – das hat aber nichts mit dem Kunststoff zu tun, der für Plastikspielzeug oder Plastiktüten verwendet wird. Auch eine Statue ist eine Skulptur, wobei eine Statue speziell Menschen, Tiere oder Gottheiten abbildet.

12. Richtige Antwort: c)

Erich Kästners Roman »Emil und die Detektive« ist zum ersten Mal im Jahr 1929 erschienen. Es ist die Geschichte des zwölfjährigen Jungen Emil Tischbein, der alleine zu Verwandten nach Berlin reist. Im Eisenbahnabteil wird ihm eine Menge Geld gestohlen, das seine Mutter ihm mitgegeben hat. Doch das lassen Emil, Gustav mit der Hupe und andere Kinder nicht auf sich sitzen.

13. Richtige Antwort: d)

Das 2007 erschienene »Diary of a Wimpy Kid« des amerikanischen Autors Jeff Kinney kam 2008 als »Gregs Tagebuch« nach Deutschland. Zuvor gab es »Gregs Tagebuch« bereits als Online-Version. Wegen des großen Erfolgs dieses Buches wurden danach noch viele weitere Bände veröffentlicht. Weltweit wurden über 200 Millionen Exemplare verkauft.

14. Richtige Antwort: a)

Vom französischen Schriftsteller Antoine de Saint-Exupéry stammt die Erzählung »Der kleine Prinz« aus dem Jahr 1943. Er hat nicht nur die Geschichte geschrieben, sondern auch die Illustrationen dazu gezeichnet. Die Erzählung handelt von einem kleinen Prinzen, der auf mehreren Planeten verschiedene Begegnungen hat. Ein berühmtes Zitat aus der Erzählung lautet: »Man sieht nur mit dem Herzen gut. Das Wesentliche ist für die Augen unsichtbar.«

15. Richtige Antwort: b)

Vincent van Gogh war ein niederländischer Maler, der von 1853 bis 1890 lebte. Er malte viele Hundert Bilder, darunter auch zahlreiche Bilder mit Sonnenblumen, zum Beispiel »Drei Sonnenblumen in einer Vase«, »Fünf Sonnenblumen in einer Vase« und »Zwölf Sonnenblumen in einer Vase«.

16. Richtige Antwort: c)

Banksy ist der Künstlername eines englischen Streetart-Künstlers. Seinen richtigen Namen möchte der Künstler nicht preisgeben. Streetart-Künstler bedeutet, dass der Künstler seine Bilder nicht auf Leinwände malt, sondern auf Hauswände und Mauern sprüht. Ein berühmtes Werk von ihm ist zum Beispiel das »Balloon Girl«, das einen herzförmigen roten Luftballon fliegen lässt.

17. Richtige Antwort: d)

Moby Dick ist ein weißer Pottwal. Kapitän Ahab macht mit seinem Walfangschiff Pequod Jagd auf ihn, weil er durch Moby Dick einst ein Bein verloren hat. Wie die Jagd wohl ausgeht? Den spannenden Abenteuerroman »Moby Dick« veröffentlichte der amerikanische Schriftsteller Herman Melville in der Mitte des 19. Jahrhunderts.

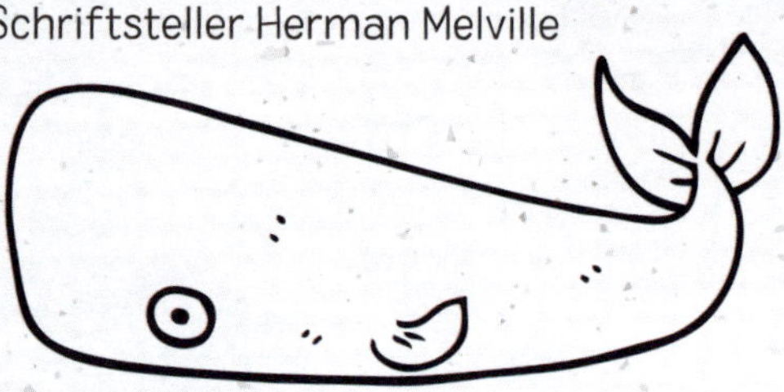

18. Richtige Antwort: a)

Vielleicht kennst du den Zeichentrickfilm »Der Glöckner von Notre-Dame« von Walt Disney? Die Vorlage für diesen Zeichentrickfilm ist ein bedeutender Roman der Weltliteratur. Der französische Schriftsteller Victor Hugo veröffentlichte »Der Glöckner von Notre-Dame« im Jahr 1831.

19. Richtige Antwort: c)

Die »Tintenwelt«-Trilogie von Cornelia Funke beinhaltet die Romane »Tintenherz«, »Tintenblut« und »Tintentod«. Trilogie bedeutet, dass es sich um genau drei Werke handelt. Der »Tintenkiller« gehört nicht zur »Tintenwelt«-Trilogie. Achtung: In der »Tintenwelt«-Trilogie werden die Figuren aus Büchern buchstäblich lebendig!

20. Richtige Antwort: d)

Der deutsche Architekt Walter Gropius gründete 1919 in Weimar die Kunstschule »Staatliches Bauhaus«. Es war eine richtige Schule, in der berühmte Künstler wie Paul Klee und Wassily Kandinsky lehrten. Im April 2019 wurde in Weimar ein neues Bauhaus-Museum eröffnet, in dem sich die Besucher mit dem Bauhaus-Stil vertraut machen können.

21. Richtige Antwort: a)

Rudyard Kipling veröffentlichte gegen Ende des 19. Jahrhunderts zwei »Dschungelbücher«, die Erzählungen und Gedichte aus dem indischen Dschungel enthalten. Unter anderem geht es um das Findelkind Mowgli, das im Dschungel aufwächst, aber auch um den kleinen Mungo Rikki-Tikki-Tavi.

22. Richtige Antwort: c)

Die Pop-Art hat sich in den 1950er-Jahren entwickelt. Bei dieser Form der Kunst wurden zum Beispiel Alltagsgegenstände zu Kunstgegenständen verwandelt. Der amerikanische Künstler Andy Warhol, der von 1928 bis 1987 lebte, war ein berühmter Vertreter der Pop-Art. Unter anderem schuf er das Werk »Campbell's Soup Cans«, das auf 32 Leinwänden Konservendosen mit unterschiedlichen Suppen zeigt.

23. Richtige Antwort: b)

Die österreichische Schriftstellerin Christine Nöstlinger veröffentlichte im Jahr 1972 den Roman »Wir pfeifen auf den Gurkenkönig«. In dem Roman geht es um eine Familie, bei der eines Tages ein gurkenförmiger König auftaucht. Doch ob mit diesem König so alles stimmt?

24. Richtige Antwort: c)

»Don Quijote« ist ein Roman des spanischen Schriftstellers Miguel de Cervantes, der von 1547 bis 1616 lebte. In dem berühmten Roman geht es um den Landadligen Alonso Quijano, der ein großer Ritter-Fan ist und schließlich selbst als Ritter Don Quijote durch die Lande zieht – zusammen mit seinem Pferd Rosinante und seinem Gefährten Sancho Panza. Bekannt ist unter anderem eine Szene, in der Don Quijote Windmühlen für Riesen hält und mit diesen kämpfen will.

25. Richtige Antwort: d)

Das Ölgemälde „Salvator mundi“ hat Leonardo da Vinci um das Jahr 1500 auf eine Tafel aus Walnussholz gemalt. Das Gemälde ist 65,6 mal 45,4 Zentimeter groß und stellt Jesus Christus dar. Im Jahr 2017 wurde für dieses Gemälde für rund 450 Millionen US-Dollar versteigert, also für über 400 Millionen Euro. Der Käufer des Gemäldes war das Ministerium für Kultur und Tourismus in Abu Dhabi.

26. Richtige Antwort: c)

Der österreichische Künstler Friedensreich Hundertwasser lebte von 1928 bis 2000. Eigentlich hieß er Friedrich Stowasser, doch er gab sich selbst einen Künstlernamen. Seine Kunst- und Bauwerke sind auf der ganzen Welt bekannt, zum Beispiel das Hundertwasserhaus in Wien und die Hundertwasser-Kindertagesstätte in Frankfurt am Main.

27. Richtige Antwort: b)

Der Amerikaner Samuel Longhorne Clemens nannte sich als Schriftsteller Mark Twain und wurde unter diesem Namen weltberühmt. Er lebte von 1835 bis 1910. Unter anderem beschrieb er die Abenteuer von Tom Sawyer und Huckleberry Finn. Außerdem schrieb er über längere Reisen, die er nach Europa – auch nach Deutschland – unternahm.

28. Richtige Antwort: d)

Die schwedische Schriftstellerin Selma Lagerlöf veröffentlichte den Roman „Die wunderbare Reise des kleinen Nils Holgersson mit den Wildgänsen“ zu Beginn des 20. Jahrhunderts. Das Buch handelt vom 14-jährigen Jungen Nils, der wegen seiner bösen Streiche in ein Wichtelmännchen verwandelt wird und zusammen mit den Wildgänsen durch Schweden zieht.

29. Richtige Antwort: b)

Die Radierung ist eine besondere Methode beim Drucken von Grafiken. Dabei wird das Kunstwerk mit einer Radiernadel auf eine Druckplatte geritzt. Anschließend kann die Druckplatte eingefärbt und die Grafik auf Papier gedruckt werden. Weil durch das Ritzen Vertiefungen in der Druckplatte entstehen, zählt die Radierung zu den Tiefdruckverfahren.

30. Richtige Antwort: a)

Der Kinderbuchautor Otfried Preußler lebte von 1923 bis 2013. Von ihm stammen sehr bekannte Werke wie „Das kleine Gespenst“, „Die kleine Hexe“, „Der kleine Wassermann“, „Der Räuber Hotzenplotz“ und „Krabat“. Diese verkauften sich über 50 Millionen Mal. Otfried Preußler gewann außerdem zahlreiche Buchpreise

Antworten

1. Richtige Antwort: b)

Andrew Lloyd Webber hat einige berühmte Musicals komponiert, unter anderem »Cats«. Dieses Musical wurde zum ersten Mal am 11. Mai 1981 in London aufgeführt. Das Musical basiert auf einer Gedichtsammlung für Kinder, die der amerikanische Dichter T. S. Eliot 1939 veröffentlicht hat, und handelt von Grizabella, Bombalurina und vielen anderen Katzen.

2. Richtige Antwort: a)

Walt Disney hat schon viele Märchen verfilmt. Der erste abendfüllende Zeichentrickfilm war im Jahr 1937 das Märchen »Schneewittchen und die sieben Zwerge«. In der deutschen Übersetzung heißen die sieben Zwerge in dem Zeichentrickfilm: Chef, Brummbär, Happy, Schlafmütze, Pimpel, Hatschi und Seppl.

3. Richtige Antwort: c)

Die amerikanische Sängerin Taylor Swift wurde am 13. Dezember 1989 geboren. Schon im Alter von 14 Jahren zog sie nach Nashville, um Country-Sängerin zu werden. Heute zählt sie zu den berühmtesten Popstars der Welt. 2019 erschien ihr Album »Lover«, das es in vielen Ländern in die Top Ten der Charts schaffte.

MUSIK & FILME

4. **Richtige Antwort:** c)

Johann Sebastian Bach wurde 1685 in Eisenach geboren und starb 1750 in Leipzig. Von 1723 bis 1750 war er der Thomaskantor in der Thomaskirche zu Leipzig. Bach komponierte in der Zeit des Barocks weit über 1000 musikalische Werke, darunter besonders viel geistliche Musik. Er wird heute als einer der bedeutendsten Komponisten aller Zeiten angesehen.

5. **Richtige Antwort:** d)

Der Grammy Award oder kurz Grammy ist ein Musikpreis, der seit 1959 jedes Jahr in Los Angeles verliehen wird. Er gilt als höchste Auszeichnung für Musiker, also Sänger, Komponisten, aber zum Beispiel auch Tontechniker. Die Grammy-Trophäe stellt ein Grammofon dar.

6. **Richtige Antwort:** d)

»Kung Fu Panda« ist ein beliebter Animationsfilm aus dem Jahr 2008, auf den noch weitere »Kung Fu Panda«-Filme folgten. Der Film handelt vom Pandabären Po, der zunächst im Nudelrestaurant seines Vaters arbeitet, aber davon träumt, mit den Furiosen Fünf gegen das Böse der Welt zu kämpfen. Ob sein Traum wohl Wirklichkeit werden wird?

7. Richtige Antwort: a)

Lady Gaga wurde mit ihrem ersten Album »The Fame« aus dem Jahr 2008 weltberühmt. Sie kann aber nicht nur singen, sondern auch schauspielern. Das hat Lady Gaga im Film »A Star Is Born« von 2018 unter Beweis gestellt. Der Song »Shallow«, den Lady Gaga in dem Film zusammen mit Bradley Cooper sang, gewann 2019 einen Oscar.

8. Richtige Antwort: b)

Richard Wagner wurde im Jahr 1813 in Leipzig geboren. Von ihm stammen bekannte Opern wie zum Beispiel »Tannhäuser«, »Tristan und Isolde« oder »Die Meistersinger von Nürnberg«. Seine Werke werden jedes Jahr während der Bayreuther Festspiele aufgeführt. Wagner starb 1883 in Venedig, wohin er mit seiner Familie eine Reise unternommen hatte.

9. Richtige Antwort: b)

Shaun das Schaf tauchte zum ersten Mal in einer Folge von »Wallace & Gromit« auf. Seit 2007 hat Shaun das Schaf seine eigene Fernsehserie und kommt darin immer wieder auf witzige und aberwitzige Ideen. Auch in einem Kinofilm war Shaun das Schaf bereits zu sehen, nämlich in »Shaun das Schaf – Der Film«.

10. Richtige Antwort: a)

Die Toten Hosen wurden bereits im Jahr 1982 gegründet. Rund um ihren Sänger Campino, der eigentlich Andreas Frege heißt, sind sie auch heute noch erfolgreich unterwegs. Ein bekanntes Lied der Band ist »Tage wie diese«. Der Refrain beginnt so: »An Tagen wie diesen wünscht man sich Unendlichkeit«.

11. Richtige Antwort: c)

Rap ist ein Sprechgesang, der in den USA entstanden ist. Das amerikanische Wort »to rap« bedeutet so viel wie »quatschen«. Der Rap ist Teil des Hip-Hops. Bekannte Rapper sind zum Beispiel Eminem, Jay-Z, Drake und Cro.

12. Richtige Antwort: d)

Mary Poppins ist ein fliegendes Kindermädchen, das auf die Kinder der Familie Banks aufpasst. Die Hauptrolle spielte Julie Andrews. In dem Film erleben die Kinder nicht nur viel Verrücktes, es wird auch viel gesungen. Ein bekanntes Lied aus »Mary Poppins« heißt »Supercalifragilisticexpialigetisch«.

13. Richtige Antwort: a)

»Fluch der Karibik« ist eine sehr erfolgreiche Reihe von Piratenfilmen. Im Mittelpunkt der Filme steht der Pirat Captain Jack Sparrow, der von Johnny Depp gespielt wird. Der erste »Fluch der Karibik«-Film kam 2003 in die Kinos. Er handelt davon, wie Jack Sparrow wieder an sein Schiff, die Black Pearl, gelangen kann.

14. Richtige Antwort: c)

Der deutsche Komponist Ludwig van Beethoven lebte von 1770 bis 1827. Von ihm stammt nicht nur das Klavierstück »Für Elise«, sondern noch viele weitere Werke der klassischen Musik wie etwa die »Mondscheinsonate« und seine 9. Symphonie mit der Zeile »Freude, schöner Götterfunken«.

15. Richtige Antwort: a)

Dumbo ist ein fliegender Elefant. Diese Fähigkeit hat er aufgrund seiner übergroßen Ohren, für die er anfangs verspottet wurde. »Dumbo, der fliegende Elefant« ist eine Geschichte von 1939, aus der 1941 ein Zeichentrickfilm entstand. 2019 kam eine Neuverfilmung von »Dumbo« in die Kinos.

16. Richtige Antwort: c)

Das Lied »Satellite« wurde von Julie Frost und John Gordon komponiert. Die deutsche Sängerin Lena Meyer-Landruth gewann damit 2010 den Eurovision Song Contest, einen europäischen Musikwettbewerb. Davor war das zuletzt 1982 Nicole mit dem Lied »Ein bisschen Frieden« gelungen.

17. Richtige Antwort: a)

Der rothaarige englische Sänger Ed Sheeran hat schon einige Hits gelandet. Einer davon ist der 2017 veröffentlichte Song »Perfect«. In dem Song geht es um eine langjährige Freundschaft, aus der später die große Liebe wird. Ed Sheeran hat es für seine Partnerin Cherry Seaborn geschrieben.

18. Richtige Antwort: a)

Elvis Presley, der von 1935 bis 1977 lebte, war nicht nur der »King of Rock ‚n‘ Roll«, sondern auch einer der erfolgreichsten Musiker der Geschichte. Seine Tonträger verkauften sich bis heute über eine Milliarde mal, zum Beispiel »Jailhouse Rock« und »Can't Help Falling In Love«. Außerdem wirkte Elvis Presley als Schauspieler in über 30 Spielfilmen mit.

19. Richtige Antwort: c)

»Findet Nemo« ist ein Animationsfilm aus dem Jahr 2003. Der Film erzählt die Geschichte des Clownfischs Nemo. Dieser wird von Menschen gefangen. Sein Vater Marlin macht sich auf, seinen Sohn wiederzufinden. Der Paletten-Doktorfisch Dorie hilft ihm dabei. 2016 kam eine Fortsetzung des Films in die Kinos, nämlich »Findet Dorie«.

20. Richtige Antwort: d)

Das Lied »White Christmas« wurde von Irving Berlin komponiert. Dieser konnte nicht mal Noten lesen. Doch sein in den 1940er-Jahren veröffentlichtes Lied gilt als erfolgreichster Song aller Zeiten. Gesungen hat es damals der amerikanische Sänger und Schauspieler Bing Crosby.

21. Richtige Antwort: a)

»Peter und der Wolf« wurde im Jahr 1936 vom russischen Komponisten Sergej Prokofjew komponiert. Ein Sprecher erzählt ein Märchen, während verschiedene Instrumente vorgestellt werden. Prokofjew wollte mit seiner Komposition Kindern die Instrumente in einem Orchester vorstellen – und das ist ihm gut gelungen.

22. Richtige Antwort: b)

»Aladdin« ist ein Spielfilm von 2019. Ein junger Mann namens Aladdin findet in diesem Film eine Lampe. Aus dieser Lampe befreit er einen Geist, der von Will Smith gespielt wird. Der Lampengeist erfüllt Aladdin aus Dankbarkeit für die Befreiung aus der Lampe drei Wünsche. Was sich Aladdin wohl wünschen wird?

23. Richtige Antwort: d)

Die »Pokémon«, das sind kleine Fantasie-Wesen, tauchten 1996 zuerst in einem japanischen Computerspiel auf. Es folgten viele weitere Pokémon-Computerspiele, aber auch eine Pokémon-Fernsehserie sowie zahlreiche Pokémon-Kinofilme. Es gibt mehrere Hundert Pokémon-Arten. Ein bekanntes Pokémon ist zum Beispiel Pikachu.

24. Richtige Antwort: c)

»Der König der Löwen« ist die Neuverfilmung des gleichnamigen Zeichentrickfilms von 1994. Er handelt vom weisen Löwenkönig Mufasa, dessen Sohn Simba, seiner besten Freundin Nala, dem Bösewicht Scar sowie weiteren Löwen und anderen Tieren Afrikas. Wird es Simba gelingen, den Bösewicht Scar zu besiegen?

25. Richtige Antwort: d)

Der Alt ist eine tiefe Singstimme von Frauen und Mädchen, aber auch Jungen. Die hohe Singstimme der Frauen wird Sopran genannt. Bei Männern heißt die tiefe Singstimme Bass und die hohe Singstimme Tenor. Zusätzlich gibt es noch Stimmlagen, die dazwischenliegen, nämlich den Mezzosopran zwischen Alt und Sopran und den Bariton zwischen Bass und Tenor.

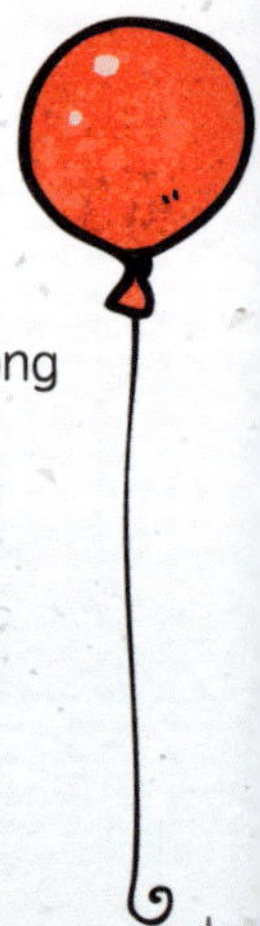

26. Richtige Antwort: b)

Die deutsche Sängerin Nena hatte viele Hits. Ihr größer Erfolg war der Song »99 Luftballons« aus dem Jahr 1983. Das Lied erzählt von 99 Luftballons, die am Himmel schweben und mit Ufos verwechselt werden. Dieses Missverständnis führt dazu, dass 99 Kriegsminister einen Krieg anzetteln, der 99 Jahre lang dauert.

27. Richtige Antwort: a)

»Ich – Einfach unverbesserlich« ist ein Animationsfilm aus dem Jahr 2010. Die Hauptfigur ist der Superschurke Gru, der sich durch den Einfluss der drei Waisenmädchen Margo, Edith und Agnes ziemlich stark verändert. In dem Film treten zum ersten Mal die kleinen gelben Minions auf.

28. Richtige Antwort: d)

Die österreichische Sängerin Christina Stürmer wurde 1982 in Linz geboren. Bekannt wurde sie 2003 durch die Castingshow »Starmania«. Seither hat sie mehrere erfolgreiche Alben veröffentlicht, zum Beispiel »Freier Fall«, »Ich hör auf mein Herz« und »Seite an Seite«.

29. Richtige Antwort: b)

»Die Zauberflöte« ist eine Oper des österreichischen Komponisten Wolfgang Amadeus Mozart. Die Oper wurde am 30. September 1791 zum ersten Mal aufgeführt. Sie zählt zu den bekanntesten Opern der Welt.

30. Richtige Antwort: b)

Robin ist der Gehilfe von Batman – dem Fledermausmann. Diesen Namen trägt der Superheld wegen seines fledermausartigen Kostüms. Der erste »Batman«-Comic erschien schon im Jahr 1939. Seither werden seine Abenteuer, unter anderem sein Kampf gegen den Bösewicht Joker, immer wieder verfilmt.

Antworten

1. Richtige Antwort: c)

Johannes Gutenberg erfand im 15. Jahrhundert den modernen Buchdruck. Er machte es damit möglich, Bücher in viel größerer Zahl und zu einem günstigeren Preis herzustellen als vorher. Die Menschen konnten sich nun viel besser bilden. Von einem amerikanischen Fernsehsender wurde Johannes Gutenberg deshalb zum wichtigsten Mann des zweiten Jahrtausends gekürt.

2. Richtige Antwort: a)

Das englische Wort »to browse« bedeutet so viel wie »stöbern«. Der Browser ist ein Programm, mit dem sich Webseiten aufrufen lassen. Dazu wird eine Webadresse eingegeben. Oder aber es wird ein Link angeklickt. Man nennt das »im Internet surfen«. Auch auf einem Smartphone steht normalerweise ein Browser zur Verfügung, mit dem du im Internet surfen kannst.

3. Richtige Antwort: d)

Der hintere Teil eines Schiffes, aber auch eines Flugzeugs oder eines Autos, wird Heck genannt. Der vordere Teil ist der Bug, die linke Seite heißt Backbord und die rechte Seite Steuerbord. Wenn in früheren Zeiten ein Schiff angegriffen wurde, dann meistens an Heck oder Bug, da es dort kaum Kanonen gab.

TECHNIK, INTERNET & ERFINDUNGEN

4. Richtige Antwort: a)

Das Wort U-Bahn ist die Kurzform für »Untergrundbahn«. Solche Bahnen, die unterirdisch verlaufen, gibt es heute in vielen Großstädten. Denn statt im Straßenverkehr kommen damit viele Menschen schnell von einem Ort zum anderen. Die erste U-Bahn der Welt wurde im Jahr 1863 in London eröffnet. Ein anderes Wort für die U-Bahn lautet Metro.

5. Richtige Antwort: b)

Ein Touchscreen – also ein berührungsempfindlicher Bildschirm – ist zum Beispiel auf einem Smartphone zu finden. Auf einem Touchscreen kannst du deine Eingaben direkt auf dem Bildschirm vornehmen. Ein zusätzliches Gerät ist dazu nicht notwendig. Das Wort Touchscreen setzt sich aus den englischen Wörtern »to touch« (berühren) und »screen« (Bildschirm) zusammen.

6. Richtige Antwort: c)

Ein Blitzableiter sorgt dafür, dass Blitze nicht in ein Gebäude einschlagen können. Als Erfinder des Blitzableiters gilt der Amerikaner Benjamin Franklin, der von 1706 bis 1790 lebte. Er war aber nicht nur ein Erfinder, sondern auch Schriftsteller, Politiker und noch so einiges mehr.

7. Richtige Antwort: a)

Johann Philipp Reis war ein deutscher Erfinder, der von 1834 bis 1874 lebte. Er entwickelte ein Gerät, mit dessen Hilfe Töne über elektrische Leitungen übertragen werden konnten, und gilt deshalb als einer der Erfinder des Telefons. Es gibt aber auch noch andere Personen, die zur Erfindung des Telefons beigetragen haben, zum Beispiel Alexander Graham Bell.

8. Richtige Antwort: d)

Die erste Batterie wurde im Jahr 1800 vom italienischen Physiker Alessandro Volta erfunden. Eine Batterie ist ein Speicher für elektrische Energie. Batterien werden heute in vielen elektrischen Geräten eingesetzt. Eine Batterie lässt sich allerdings nicht wieder aufladen, ein Akkumulator (kurz: Akku) hingegen schon.

9. Richtige Antwort: b)

Das Kerosin ist ein leichtes Petroleum, das als Treibstoff für Flugzeuge verwendet wird. Auf langen Strecken verbraucht ein Flugzeug zwischen drei und vier Liter Kerosin – pro Passagier. Auf kurzen Strecken ist es sogar noch deutlich mehr. Bei einem Flug, egal ob lang oder kurz, werden ganz schön viele Treibhausgase produziert, die zum Klimawandel beitragen.

10. Richtige Antwort: c)

Das Format MP3 für Musikdateien wurde in Deutschland entwickelt. Bei diesem Format werden Elemente, die sowieso nicht hörbar sind, ausgefiltert. Übrig bleibt eine komprimierte Datei, die kaum Speicherplatz benötigt.

11. Richtige Antwort: a)

Heureka, du hast die Antwort gefunden! Archimedes lebte im dritten Jahrhundert vor Christus. Er war Erfinder, Mathematiker, Physiker zugleich und eines der größten Genies der Menschheit. Archimedes entdeckte unter anderem die Hebelgesetze. Aber er entwarf auch allerlei Geräte, um seine Heimatstadt Syrakus gegen die Römer zu verteidigen. Und er machte viele weitere Entdeckungen in der Mathematik, der Physik und der Technik.

12. Richtige Antwort: c)

Die Computermaus (kurz: Maus) ist ein wichtiges Eingabegerät für den Computer. Damit lassen sich zum Beispiel Befehle in einem Menü anklicken, um diese auszuführen. Oder man bestimmt in einem Dokument die Stelle, an der man Text eingeben möchte. Die erste Maus wurde schon in den 1960er-Jahren gebaut.

13. Richtige Antwort: d)

SOS ist ein Notruf, der aus der Seefahrt stammt. Eine mögliche Bedeutung von SOS ist »save our souls« – »rettet unsere Seelen«. Als Morsezeichen besteht das SOS aus drei kurzen, drei langen und wieder drei kurzen Signalen. Das SOS wurde zu Beginn des 20. Jahrhunderts von der deutschen Marine eingeführt. Das erste Schiff, das ein SOS sendete, war am 10. Juni 1909 die Slavonia. Die Passagiere und die Besatzung der Slavonia konnten dadurch gerettet werden.

14. Richtige Antwort: c)

Der »laufende Meter« ist eine Maßeinheit für Meterware. Ein Beispiel für solche Meterware ist Stoff auf einer Rolle. Werden von der Rolle drei Meter abgerollt, so sind das drei laufende Meter. Wie breit die Rolle ist, spielt bei dieser Berechnung keine Rolle.

15. Richtige Antwort: b)

Herta Heuwer lebte von 1913 bis 1999. Sie gilt als Erfinderin der Currywurst, die sie in Berlin ab dem Jahr 1949 in einem Kiosk verkaufte. Der erste Hamburger wurde hingegen schon um das Jahr 1900 in Amerika serviert. Kartoffelchips und Pommes frites gibt es sogar noch länger.

16. Richtige Antwort: a)

Die »One Penny Black« war die erste Briefmarke der Welt. Sie wurde im Jahr 1840 in England herausgegeben. Auf der Briefmarke ist die damalige Königin Victoria abgebildet. Die schwarze One-Penny-Briefmarke wurde schon nach kurzer Zeit durch eine rote Briefmarke ersetzt, auf der man den schwarzen Poststempel besser sehen konnte.

17. Richtige Antwort: d)

Der Amerikaner Samuel Colt erfand im 19. Jahrhundert eine Feuerwaffe mit Drehzylinder – den Revolver. Dank des Drehzylinders können mit einem Revolver mehrere Schüsse schnell hintereinander abgegeben werden. Samuel Colt gründete für die Herstellung von Waffen eine Firma. Die von ihm hergestellten Revolver wurden auch unter dem Namen Colt bekannt.

18. Richtige Antwort: b)

Speiseeis gibt es schon seit Jahrtausenden, aber das Eis am Stiel wurde erst im 20. Jahrhundert erfunden. Der Amerikaner Frank Epperson gab an, dass er als Kind ein Glas Limonade mit einem Löffel darin draußen stehen ließ. Die Limonade gefror und das erste Eis am Stiel war geboren. Das Eis am Stiel ließ sich Epperson aber erst patentieren, als er schon erwachsen war und in seiner eigenen Firma Limonade herstellte.

19. Richtige Antwort: c)

Eine Festplatte dient dazu, Dateien auf einem Computer fest zu speichern, also so, dass sie nicht verloren gehen. Die Daten werden dazu durch Magnetisieren auf die Festplatte geschrieben. Inzwischen gibt es modernere Speicher wie den Flash-Speicher, die andere Technologien einsetzen.

20. Richtige Antwort: a)

Das erste Auto mit Benzinmotor stammt von Carl Benz. Er baute es 1885 in der deutschen Stadt Mannheim. Dieses erste Auto hatte lediglich drei Räder. Doch die Entwicklung des Automobils schritt in der Folge schnell voran. Schon vor der Erfindung des Autos mit Benzinmotor wurde versucht, Autos zu bauen, etwa Autos mit Windantrieb oder mit Dampfantrieb.

21. Richtige Antwort: a)

Das Gummibärchen wurde 1922 von einem deutschen Unternehmer namens Hans Riegel erfunden. Dieser hatte bereits 1920 die Firma Haribo gegründet – der Firmenname steht für »Hans Riegel Bonn«. Ursprünglich hießen die Gummibärchen Tanzbären. Die Gummibärchen sind auch heute noch eine beliebte Süßigkeit.

22. Richtige Antwort: c)

Melitta Bentz lebte von 1873 bis 1950. Sie war eine findige Hausfrau aus Dresden und erfand die Filtertüte. Mit der Filtertüte kann Kaffee aufgebrüht werden, ohne dass sich danach Kaffeesatz in der Tasse oder Kaffee befindet. 1908 ließ sich Melitta Bentz ihre Erfindung patentieren und sie gründete ein eigenes Unternehmen zur Herstellung der Filtertüten.

23. Richtige Antwort: d)

Das Papier ist eine chinesische Erfindung. Es wurde dort bereits im zweiten Jahrhundert vor Christus hergestellt, unter anderem aus Seidenabfällen. Bevor sich das Papier durchsetzte, wurden Zeichen unter anderem in Stein gemeißelt, in Wachstafeln geritzt oder auf Papyrus geschrieben. Vom Papyrus hat das Papier seinen Namen, es wird jedoch ganz anders hergestellt.

24. Richtige Antwort: b)

Ein Computer rechnet mit Einheiten, die Bit genannt werden. Dieses Wort ist die Kurzform für »binary digit«. Ein Bit enthält zwei Möglichkeiten, die gleich wahrscheinlich sind, also zum Beispiel »Ein« oder »1« und »Aus« oder »0«. Acht Bit werden zu einem Byte zusammengefasst. Bei Informationen zur Größe einer Datei oder eines Speichermediums findest du eine Byte-Angabe, zum Beispiel 300 Megabyte (1 000 000 Byte) oder 500 Gigabyte (500 000 000 000 Byte).

25. Richtige Antwort: c)

Ada Lovelace lebte von 1815 bis 1852. Sie war die Tochter des berühmten englischen Dichters Lord Byron. Für eine mechanische Rechenmaschine, die der Erfinder Charles Babbage entwickelt hatte, schrieb sie ein Programm. Ada Lovelace gilt deshalb als erste Programmiererin der Geschichte.

26. Richtige Antwort: a)

Der Schweizer Ingenieur Georges de Mestral entwickelte den Klettverschluss. Die Idee dazu hatte er beim Gassigehen mit seinen Hunden. Er bemerkte nämlich, wie die Früchte der Großen Klette am Fell der Hunde hängen blieben, wenn sie mit diesem in Berührung kamen. Er legte die Früchte unters Mikroskop und ahmte das Prinzip mit dem Klettverschluss nach. 1951 meldete er den Klettverschluss zum Patent an. Wenn der Mensch Ideen der Natur in die menschliche Technik überträgt, nennt man das übrigens Bionik.

27. Richtige Antwort: a)

Das erste iPhone wurde 2007 vom amerikanischen Unternehmen Apple auf den Markt gebracht. Es gilt als erstes Smartphone mit Multitouch-Bildschirm. Ein Multitouch-Bildschirm kann nicht nur einfache Berührungen erkennen, sondern zwischen verschiedenen Gesten unterscheiden. Das Unternehmen Apple wurde 1976 von Steve Jobs, Steve Wozniak und Ron Wayne in einer Garage gegründet. Neben dem iPhone stellt das Unternehmen auch Mac-Computer, iPads, Apple Watches und einige weitere Geräte her.

28. Richtige Antwort: c)

Airbags sind Aufprallkissen, die bei einem Unfall die Personen im Auto schützen. Kommt es zu einem Aufprall, werden im Bruchteil einer Sekunde die Airbags mit einem lauten Knall entfaltet, um die Personen vor Verletzungen zu bewahren. Der erste Airbag wurde schon Anfang der 1950er-Jahre zum Patent angemeldet. Allerdings setzten sich die Airbags erst ab den 1990er-Jahren richtig durch.

29. Richtige Antwort: a)

WC ist die Abkürzung für »water closet« – »Wasserklosett«. Damit ist gemeint, dass sich die menschlichen Ausscheidungen mit Wasser runterspülen lassen. Das WC wurde 1596 von einem englischen Dichter namens John Harington erfunden. 1599 wurde er von Königin Elisabeth I. zum Ritter ernannt.

30. Richtige Antwort: d)

CD ist die Abkürzung für »Compact Disc«. Diese Erfindung entstand in den 1980er-Jahren. Sie löste innerhalb kurzer Zeit die Schallplatte für die Wiedergabe von Musik und Hörspielen ab. Auch andere Daten lassen sich auf einer CD speichern und auf einem Computer öffnen. Heutzutage tritt die CD zugunsten des Musikstreamings im Internet immer mehr in den Hintergrund.

31. Richtige Antwort: c)

Das amerikanische Unternehmen Tesla ist für die Herstellung von Elektroautos weltweit bekannt. Das Unternehmen wurde 2003 von Martin Eberhard und Marc Tarpenning gegründet. Bereits im Jahr 2004 stieg der Investor Elon Musk ein, der Tesla heute leitet. Benannt wurde die Automarke Tesla nach dem Erfinder Nikola Tesla, der von 1856 bis 1943 lebte und auf den zahlreiche Erfindungen im Bereich der Elektrotechnik zurückgehen.

32. Richtige Antwort: a)

Das aus dem Englischen stammende Wort »Chat« bedeutet übersetzt »Plauderei«. In der deutschen Sprache wird das Wort für Unterhaltungen im Internet verwendet, bei denen in Echtzeit geplaudert wird. Beim Chatten werden häufig kurze Textnachrichten ausgetauscht. Es gibt aber auch Audio-Chats sowie Video-Chats, bei denen übers Internet telefoniert wird. Eine beliebte App zum Chatten übers Internet ist z. B. WhatsApp.

33. Richtige Antwort: d)

Der Flugpionier Albrecht Ludwig Berblinger, der von 1770 bis 1829 lebte, wird auch Schneider von Ulm genannt. Denn Berblinger war von Beruf Schneider, er erfand aber unter anderem auch ein Fluggerät. Als er dieses am 31. Mai 1811 der Öffentlichkeit vorführen wollte, landete er damit allerdings in der Donau. Erst 1986 wurde bewiesen, dass das vom Schneider von Ulm erfundene Fluggerät tatsächlich flugtauglich war.

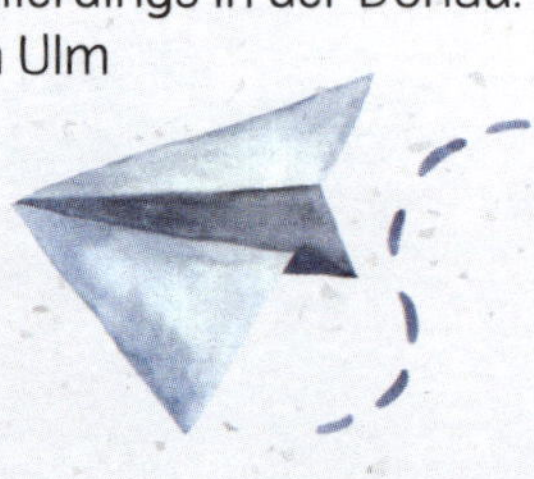

34. Richtige Antwort: d)

Bei der Fotovoltaik wird Lichtenergie in elektrische Energie – also in Strom – umgewandelt. Hierbei kommen sogenannte Solarzellen zum Einsatz. Für Solarzellen werden bestimmte Materialien verwendet, die aus Sonnenlicht Strom erzeugen können. Ein Beispiel für ein solches Material ist das Halbmetall Silizium. Die mithilfe der Fotovoltaik gewonnene elektrische Energie ist eine von mehreren Formen der Solarenergie.

35. Richtige Antwort: d)

Ende 2019 gab es auf der ganzen Welt über vier Milliarden Internetnutzer. Das bedeutet, dass mehr als die Hälfte der 7,8 Milliarden Menschen online ging. Die Menschen können heutzutage mit ganz unterschiedlichen Geräten auf das Internet zugreifen, z. B. mit herkömmlichen Computern, Notebooks, Tablet-PCs, Smartphones und internetfähigen Fernsehgeräten.

36. Richtige Antwort: b)

Die Wikipedia ist ein großes Nachschlagewerk im Internet, das es seit dem 15. Januar 2001 gibt. Das Besondere an dem Nachschlagewerk: Die Nutzer können nicht nur viele Millionen Begriffe nachschlagen, sondern jeder Nutzer kann auch selbst bestehende Artikel bearbeiten oder neue Artikel erstellen. Damit nicht jeder irgendeinen Käse in die Wikipedia schreiben kann, muss ein bearbeiteter oder neu erstellter Artikel zuerst von einem Administrator freigegeben werden.

Antworten

1. Richtige Antwort: c)

Im alten Ägypten wurden die Könige Pharaonen genannt. Einer der berühmtesten Pharaonen war Ramses II. Er herrschte 66 Jahre lang in Ägypten, nämlich von 1279 bis 1213 vor Christus. Auch Kleopatra VII. ist sehr bekannt. Sie war von 51 bis 30 vor Christus ein weiblicher Pharao. Kleopatra war die Geliebte von Julius Caesar.

2. Richtige Antwort: b)

Der Bismarckhering ist ein Heringslappen, der in eine saure Marinade eingelegt wurde. Seinen Namen hat er vom deutschen Reichskanzler Otto von Bismarck, der von 1815 bis 1898 lebte. Er soll einmal gesagt haben: »Wenn Heringe genauso teuer wären wie Kaviar, würden ihn die Leute weitaus mehr schätzen.«

3. Richtige Antwort: a)

Greta Tintin Eleonora Ernman Thunberg kam 2003 in der schwedischen Hauptstadt Stockholm zur Welt. 2018 – als 15-jährige – begann Greta Thunberg ihren ersten Schulstreik für das Klima. Daraus hat sich innerhalb kürzester Zeit die weltweite Bewegung »Fridays for Future« entwickelt, die sich für den Klimaschutz einsetzt.

GESCHICHTE, POLITIK & RELIGION

4. Richtige Antwort: b)

Am 4. Juli 1776 erklärten die dreizehn britischen Kolonien in Nordamerika ihre Unabhängigkeit von Großbritannien. Der 4. Juli wird deshalb in den USA jedes Jahr als Independence Day – Unabhängigkeitstag – gefeiert. Die Unabhängigkeitserklärung wurde zum größten Teil von Thomas Jefferson verfasst, der später der dritte Präsident der USA wurde.

5. Richtige Antwort: c)

Das Wort Demokratie stammt aus dem Griechischen und bedeutet »Volksherrschaft«. In einer Demokratie kann das Volk selbst entscheiden, was im Land geschehen soll. Zumindest kann es Regierungen wählen und abwählen.

6. Richtige Antwort: a)

Die Kaaba in der saudi-arabischen Stadt Mekka ist der wichtigste Wallfahrtsort des Islam. Es handelt sich dabei um ein Gebäude im Innenhof der al-Haram-Moschee in Mekka. Eine Pilgerfahrt nach Mekka wird im Islam Haddsch genannt. Jeder Moslem, der dazu in der Lage ist, soll einmal in seinem Leben eine Haddsch zur Kaaba unternehmen.

7. Richtige Antwort: c)

Die »Weiße Rose« war eine der wenigen Gruppen, die in Deutschland Widerstand leisteten, während die Nationalsozialisten herrschten. Die Gruppe bestand großteils aus Studenten. Bekannte Mitglieder waren unter anderem die Geschwister Hans und Sophie Scholl. Beide wurden im Jahr 1943 wegen ihrer Aktivitäten in der »Weißen Rose« hingerichtet.

8. Richtige Antwort: a)

Die Titanic war bei ihrer Fertigstellung am 2. April 1912 das größte Schiff der Welt. Sie sank auf ihrer Jungfernfahrt am 15. April 1912, nachdem sie einen Eisberg gerammt hatte. Von den über 2224 Menschen an Bord konnten nur 710 gerettet werden. Von den Frauen wurden drei Viertel gerettet, von den Kindern die Hälfte und von den Männern ein Fünftel.

9. Richtige Antwort: c)

Mahatma Gandhi lebte von 1869 bis 1948. Er war ein indischer Rechtsanwalt und erfand den gewaltlosen Widerstand gegen die britischen Besatzer. Unter anderem rief er zu einem Salzmarsch gegen das britische Salzmonopol auf. Durch den gewaltlosen Widerstand gelang es ihm, Indien im Jahr 1947 in die Unabhängigkeit zu führen. Am 30. Januar 1948 fiel Gandhi einem Attentat zum Opfer.

10. Richtige Antwort: a)

Der Seefahrer Christoph Kolumbus hat im Jahr 1492 Amerika entdeckt. 1493 war er, so wird erzählt, in Spanien zum Essen eingeladen. Jemand sagte, die Entdeckung Amerikas sei nichts Besonderes, das hätte doch jeder machen können. Daraufhin bat Kolumbus die Anwesenden, sie sollen ein gekochtes Ei auf der Spitze aufstellen. Das gelang niemandem. Er nahm das Ei, drückte die Spitze ein und stellte das Ei auf. Kolumbus zeigte den Anwesenden damit, dass es einen Unterschied gibt zwischen »hätte machen können« und »tatsächlich machen«.

11. Richtige Antwort: a)

Amnesty ist eine Organisation, die sich für den Schutz der Menschenrechte einsetzt. Die Organisation wurde 1961 von einem englischen Rechtsanwalt namens Peter Benenson gegründet. Sie hat ihren Sitz in London. 2018 wurde der Südafrikaner Kumi Naidoo Generalsekretär von Amnesty International.

12. Richtige Antwort: b)

Im Jahr 79 brach der Vulkan Vesuv aus. Bei diesem Vulkanausbruch wurden mehrere römische Orte verschüttet, unter anderem Pompeji. Durch die Vulkanasche wurden die Orte konserviert. Pompeji zählt deshalb zu den am besten erhaltenen Ruinen-Städten der Antike. Mit den ersten wissenschaftlichen Ausgrabungen wurde im 18. Jahrhundert begonnen.

13. Richtige Antwort: d)

Von 1949 bis 1990 gab es neben der Bundesrepublik Deutschland auch eine Deutsche Demokratische Republik. Auch die Stadt Berlin war geteilt, nämlich in Westberlin und Ostberlin. Um Ostberlin von Westberlin abzuriegeln, bestand von 1961 bis 1989 die Berliner Mauer. Diese war über 160 Kilometer lang. Nur ein Jahr nach dem Mauerfall, am 3. Oktober 1990, wurde Deutschland wiedervereinigt.

14. Richtige Antwort: a)

Martin Luther lebte von 1483 bis 1546. Er war ein Mönch, der zusammen mit anderen die Bibel ins Deutsche übersetzte, damit jeder sie lesen konnte. Außerdem kritisierte er in 95 Thesen die katholische Kirche. Martin Luther wurde zum Begründer der Reformationsbewegung. Eine Zeitlang musste er sich als Junker Jörg auf der Wartburg bei Eisenach verstecken.

15. Richtige Antwort: b)

Klaus Störtebeker zählt zu den bekanntesten Seeräubern der Geschichte. Er wurde um das Jahr 1360 herum geboren. Als er 1401 mit seinem Schiff »Toller Hund« unterwegs war, wurde er gefangengenommen und auf dem Schiff »Bunte Kuh« nach Hamburg überführt. Dort wurde er zusammen mit seinen Komplizen hingerichtet.

16. Richtige Antwort: c)

Jorge Mario Bergoglio wurde am 17. Dezember 1936 in der argentinischen Hauptstadt Buenos Aires geboren. 2013 wurde er zum 266. Papst gewählt. Er nannte sich Papst Franziskus. Der Papst ist übrigens nicht nur das Oberhaupt der römisch-katholischen Kirche, sondern auch der Herrscher der Vatikanstaats.

17. Richtige Antwort: d)

Als Duma wird die Volksvertretung in Russland bezeichnet. Die 450 Volksvertreter werden alle fünf Jahre neu gewählt. Bei der Wahl am 18. September 2016 erreichte die Partei „Einiges Russland" 343 der 450 Sitze in der Duma. Ihren Sitz hat die Duma in der russischen Hauptstadt Moskau.

18. Richtige Antwort: b)

Im Mittelalter vereinigten sich Kaufleute zu einer Hanse, um sich gegenseitig zu unterstützen und bei Überfahrten zu schützen, aber auch um gemeinsam politische Macht auszuüben. Die Hanse entstand in der Mitte des 12. Jahrhunderts und bestand weit über das Mittelalter hinaus bis ins 17. Jahrhundert.

19. Richtige Antwort: a)

Die Tunika wurde sowohl von Frauen als auch von Männern getragen – und zwar in der Zeit des alten Roms bis ins Mittelalter hinein. Auch heute noch gibt es die Tunika in der Damenmode, denn genau genommen ist sie nichts anderes als ein Minikleid. Ein römischer Bürger trug über der Tunika manchmal noch eine Toga.

20. Richtige Antwort: c)

Die Kemenate ist der Kaminraum in einer Ritterburg, also ein Raum mit einer Feuerstelle. Da die Ritterburgen des Mittelalters zwar sehr groß waren, aber noch nicht über eine Zentralheizung verfügten, waren die Kemenaten im Winter der bevorzugte Wohnraum der Ritter, denn nur dort war es einigermaßen warm.

21. Richtige Antwort: a)

Napoleon Bonaparte wurde 1769 auf Korsika geboren, einer Insel, die zu Frankreich gehört. Er stieg während der Französischen Revolution bis zum General auf. Durch einen Staatsstreich im Jahr 1799 wurde er Erster Konsul in Frankreich. Am 2. Dezember 1804 krönte er sich selbst zum französischen Kaiser Napoleon I.

22. Richtige Antwort: d)

Großbritannien trat im Jahr 1973 der Europäischen Union bei. In einer Volksabstimmung beschlossen die Briten allerdings 2016 mit einer knappen Mehrheit, die Europäische Union wieder zu verlassen und dafür die erforderlichen Schritte in die Wege zu leiten. Das Verlassen der Europäischen Union durch die Briten wird auch als Brexit bezeichnet.

23. Richtige Antwort: b)

Buddha bedeutet übersetzt »Erwachter«. Begründer der buddhistischen Weltreligion war der Siddhartha Gautama. Er soll von 563 bis 483 vor Christus gelebt haben. Diese Lebensdaten sind jedoch sehr umstritten. Der Buddhismus ist heute nach dem Christentum, dem Islam und dem Hinduismus die viertgrößte Weltreligion.

24. Richtige Antwort: d)

Der Euro ist eine gemeinschaftliche Währung mehrerer Staaten in der Europäischen Union. Er wurde am 1. Januar 1999 als Buchgeld und drei Jahre später, am 1. Januar 2002, als Bargeld eingeführt. Vor der Einführung des Euro wurde in Deutschland mit der Deutschen Mark bezahlt. Ein Euro entspricht 1,95583 Deutsche Mark.

25. Richtige Antwort: a)

Das Verteidigungsministerium der USA wird nicht nur Pentagon genannt. Das Gebäude ist auch ein Pentagon – ein Fünfeck. Es wurde in den Jahren 1941 bis 1943 erbaut. Mit einer Nutzfläche von über 600 000 Quadratmetern ist das Pentagon noch heute das größte Gebäude der USA.

26. Richtige Antwort: c)

Sonnenkönig ist der Beiname des französischen Königs Ludwig XIV. (das bedeutet Ludwig der Vierzehnte). Er lebte von 1638 bis 1715. Schon 1643, als Vierjähriger, wurde er zum König Frankreichs gekrönt. Er regierte bis zu seinem Tod – 72 Jahre lang. Der Sonnenkönig ließ unter anderem das prachtvolle Schloss Versailles erbauen.

27. Richtige Antwort: d)

Die Seeschlacht von Salamis fand im Jahr 480 vor Christus statt und gehört zu den bedeutendsten Seeschlachten der Geschichte. Die Griechen besiegten damals die übermächtigen Perser. Das war ein wichtiger Meilenstein, um die Perser an der Eroberung des Abendlandes zu hindern.

28. Richtige Antwort: a)

Prinz William Arthur Philip Louis, genannt Prinz William, wurde am 21. Juni 1982 als Mitglied des britischen Königshauses geboren. Er ist der Sohn von Prinz Charles und Lady Diana. Sein jüngerer Bruder ist Prinz Harry.
2011 heiratete Prinz William die Unternehmerstochter Kate Middleton.

29. Richtige Antwort: b)

Die Goldene Bulle wurde im Jahr 1356 verkündet. Dieses kaiserliche Gesetzbuch diente in erster Linie dazu, die Wahl und Krönung der Kaiser und Könige zu regeln. Ihren Namen hat die Goldene Bulle durch das goldene Siegel erhalten, das an das Gesetzbuch angehängt wurde.

30. Richtige Antwort: a)

Die Shogune waren vom 12. Jahrhundert bis ins 19. Jahrhundert hinein militärische Anführer in Japan. Die Shogune waren Samurai, japanische Krieger. Sie regierten anstelle der machtlos gewordenen Kaiser. Erst im Jahr 1867 wurde das japanische Kaisertum wiederhergestellt.

Antworten

1. Richtige Antwort: b)

Mit der Sommersonnenwende beginnt hierzulande der Sommer. Die Sommersonnenwende ist der Zeitpunkt, zu dem die Sonne zur Mittagszeit am höchsten steht. Dies kann entweder am 20., am 21. oder am 22. Juni der Fall sein. Mit der Wintersonnenwende beginnt hingegen der Winter – dann, wenn die Sonne zur Mittagszeit am niedrigsten steht.

2. Richtige Antwort: a)

Ein Regenbogen ist ein bogenförmiges Lichtband am Himmel, das immer die gleichen Farben zeigt. Von außen nach innen sind dies die Farben Rot, Orange, Gelb, Grün, Blau und Violett. Der Regenbogen entsteht, wenn sich die Sonnenstrahlen in den Regentropfen brechen.

3. Richtige Antwort: d)

Neil Armstrong lebte von 1930 bis 2012. Er war am 21. Juli 1969 der erste Mensch, der den Mond betrat. Er war Kommandant des Raumfluges Apollo 11, den er zusammen mit Buzz Aldrin und Michael Collins unternahm. Als er den Mond betrat, meinte er: »Das ist ein kleiner Schritt für einen Menschen, aber ein riesiger Sprung für die Menschheit.«

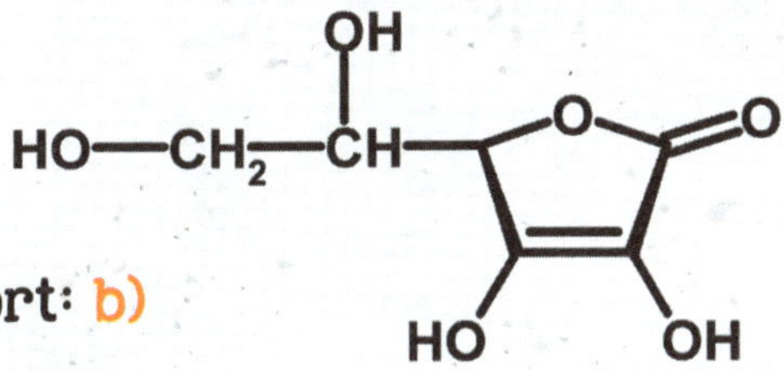

4. Richtige Antwort: b)

Die Ascorbinsäure oder genauer die L-(+)-Ascorbinsäure wird auch Vitamin C genannt. Dieses Vitamin ist lebenswichtig. Ein Mangel an Vitamin C kann zur Krankheit Skorbut führen – an dieser Krankheit litten früher häufig Seefahrer, da sie keine frischen Lebensmittel zu sich nahmen. Als Frucht mit dem höchsten Gehalt an Vitamin C gilt die Buschpflaume.

5. Richtige Antwort: d)

Die erste PISA-Studie wurde im Jahr 2000 durchgeführt. Seither werden alle drei Jahre Schüler auf der ganzen Welt in unterschiedlichen Bereichen getestet, nämlich in Mathematik, Naturwissenschaften und Leseverständnis. Dies ermöglicht es, in diesen Ländern die Fortschritte im Bereich Bildung zu vergleichen.

6. Richtige Antwort: c)

Die Kopfhaare wachsen etwa 0,3 bis 0,4 Millimeter pro Tag, also rund einen Zentimeter pro Monat. Am schnellsten wachsen die Haare von Asiaten. Dafür haben wir mehr Haare: Während es ein Europäer auf etwa 226 Haare pro Quadratzentimeter bringt, sind es bei einem Asiaten lediglich 175 Haare pro Quadratzentimeter.

7. Richtige Antwort: a)

Der Planet Jupiter wurde nach dem römischen Hauptgott benannt. Er ist, von der Sonne aus gesehen, der fünfte Planet in unserem Sonnensystem. Mit einem Durchmesser von 143 000 Kilometern ist er der größte Planet. Zum Vergleich: Die Erde hat einen Durchmesser von lediglich 12 700 Kilometern. Wäre die Erde so groß wie eine Kirsche, dann wäre der Jupiter ein größerer Apfel.

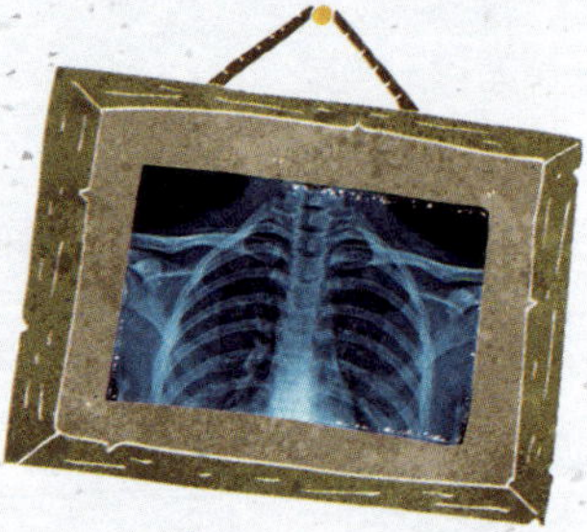

8. Richtige Antwort: d)

Wilhelm Conrad Röntgen entdeckte am 8. November 1895 die Röntgenstrahlen. Dafür erhielt er im Jahr 1901 den allerersten Nobelpreis für Physik. Die Röntgenstrahlen werden auch heute noch in der Medizin eingesetzt, um den Körper zu durchleuchten. Eine andere Bezeichnung für die Röntgenstrahlen ist X-Strahlen (auf englisch: x-rays).

9. Richtige Antwort: b)

Der Kaffee enthält nicht nur Koffein. Er ist auch der Namensgeber dieses chemischen Stoffes. Entdeckt wurde das Koffein 1819 von Friedlieb Ferdinand Runge. Koffein ist aber nicht nur in Kaffee enthalten, sondern zum Beispiel auch in Tee. Das Koffein, das im Tee vorkommt, wird auch als Tein bezeichnet.

10. Richtige Antwort: d)

Vielleicht kennst du die Redewendung »Das macht nach Adam Riese«? Diese Redewendung bezieht sich auf den deutschen Mathematiker Adam Ries, der im 16. Jahrhundert wirkte. Adam Ries veröffentlichte drei Rechenbücher, zum Beispiel 1518 das Buch »Rechnung auff der linihen«.

11. Richtige Antwort: c)

Der Mars ist, von der Sonne aus gezählt, der vierte Planet in unserem Sonnensystem. Wegen seiner rötlichen Färbung wird er »Roter Planet« genannt. Seinen Namen hat der Rote Planet vom römischen Kriegsgott Mars. Er ist nach dem Merkur der zweitkleinste Planet in unserem Sonnensystem. Sein Durchmesser beträgt rund 6800 Kilometer. Es sind bereits bemannte Marsflüge in Planung.

12. Richtige Antwort: a)

Der Treibhauseffekt trägt zur Erderwärmung bei. Er wurde schon im Jahr 1824 entdeckt. Unter anderem trägt Kohlenstoffdioxid (CO_2) zum Treibhauseffekt bei. Grob gesagt bedeutet der Treibhauseffekt, dass die Wärme der Sonnenstrahlen zur Erde gelangt, diese Wärme aber nicht im gleichen Maße wieder abziehen kann.

13. Richtige Antwort: a)

Mit einem EEG – einem Elektroenzephalogramm – werden Hirnströme gemessen. Schon im 19. Jahrhundert stellte ein englischer Arzt namens Richard Caton fest, dass sich im Gehirn von Affen und Kaninchen elektrische Ströme messen lassen und dass man diese Ströme durch unterschiedliche Sinnesreize beeinflussen kann. Die Idee des EEGs war geboren.

14. Richtige Antwort: c)

Die Relativitätstheorie stammt von Albert Einstein, der von 1879 bis 1955 lebte. Von Einstein wird gesagt, dass er viele Sechsen in seinem Maturazeugnis hatte. Nun, das stimmt. Allerdings machte Einstein seine Matura 1896 in der Schweiz – und da ist eine 6 die beste Note. Einstein hatte eine 6, also die Bestnote, in Algebra, Geometrie, darstellender Geometrie, Physik und Geschichte. Seine schlechteste Note war eine 3 in Französisch.

15. Richtige Antwort: d)

In der Chemie trägt das Wasser die Bezeichnung H_2O. Das bedeutet, dass sich ein Wassermolekül aus zwei Wasserstoffatomen sowie einem Sauerstoffatom zusammensetzt. Dabei spielt es keine Rolle, ob das Wasser gerade flüssig ist, als Eis zum Festkörper gefroren ist oder gasförmig als Wasserdampf vorkommt.

16. Richtige Antwort: b)

Die Abkürzung GPS steht für »Global Positioning System« – »weltweites System für die Positionsbestimmung«. Mithilfe von Satelliten, die im Weltall um die Erde kreisen, lässt sich der Standort auf der Erde bestimmen. Hierzu ist lediglich ein GPS-Empfänger erforderlich. Ein solcher ist heutzutage sogar in viele Smartphones eingebaut. GPS ermöglicht zum Beispiel eine genaue Navigation von einem Ort zum anderen.

17. Richtige Antwort: a)

Die Meteorologie beschäftigt sich unter anderem mit der Wettervorhersage, aber auch mit Klimaforschung. Die Beobachtung des Wetters war schon immer wichtig: Denn die Menschen mussten wissen, ob sie sich mit dem Schiff auf See wagen konnten oder ob gerade ein guter Zeitpunkt für die Ernte war. Heute stehen einem Meteorologen natürlich viel mehr Daten zur Verfügung als früher, unter anderem Satellitenbilder aus dem Weltall.

18. Richtige Antwort: b)

Das Gleichgewichtsorgan des Menschen sowie auch von Wirbeltieren befindet sich im Ohr, genauer: im Innenohr. Man nennt dieses Gleichgewichtsorgan auch Vestibularapparat. Das Gleichgewichtsorgan sorgt dafür, dass der Mensch seinen Körper im Gleichgewicht halten kann. Gibt es Störungen im Gleichgewichtsorgan, kann es zu Schwindel und Stürzen kommen.

19. Richtige Antwort: d)

Der Merkur hat seinen Namen vom römischen Götterboten erhalten. Dieser Planet ist mit einem Durchmesser von rund 4900 Kilometern am kleinsten. Außerdem ist er der Sonne am nächsten. Deshalb dreht er sich langsamer um die eigene Achse (Tag) als um die Sonne (Jahr) – sein Tag ist länger als sein Jahr.

20. Richtige Antwort: c)

Marie Curie lebte von 1867 bis 1934. Sie wurde in Polen geboren. Da es ihr dort damals nicht erlaubt war zu studieren, wanderte sie nach Frankreich aus. Dort wurde sie der erste weibliche Professor an der französischen Universität Sorbonne. Für ihre Forschungen im Bereich der Radioaktivität wurde sie 1903 mit dem Nobelpreis für Physik und 1911 mit dem Nobelpreis für Chemie ausgezeichnet.

21. Richtige Antwort: b)

Die Richter-Skala wurde nach dem amerikanischen Wissenschaftler Charles Francis Richter benannt, der im 20. Jahrhundert wirkte. Mit der Richter-Skala wird seit den 1930er-Jahren die Stärke von Erdbeben bestimmt. Ein Erdbeben mit einem Richter-Wert von unter 5,0 ist leicht, ein Erdbeben mit einem Richter-Wert von über 6,0 ist hingegen stark.

22. Richtige Antwort: c)

Das Herz ist ein Hohlmuskel. Es befindet sich in der Brust und pumpt rund 10 000 Liter Blut durch den menschlichen Körper. Das Pumpen erfolgt durch Kontraktionen des Muskels. Das Herz hat zwei Kammern: Die linke Herzkammer pumpt Blut durch den gesamten Körper. Die rechte Herzkammer muss lediglich die Lunge mit Blut versorgen.

23. Richtige Antwort: c)

In unserem Sonnensystem kreisen acht Planeten um die Sonne. Beginnend beim sonnennächsten Planeten sind dies: Merkur, Venus, Erde, Mars, Jupiter, Saturn, Uranus und Neptun. Mit diesem Merkspruch kannst du dir die Reihenfolge der Planeten merken: »Mein Vater erklärt mir jeden Sonntag unseren Nachthimmel«. Die Anfangsbuchstaben in diesem Merkspruch entsprechen den Anfangsbuchstaben der Planeten.

24. Richtige Antwort: a)

Das Ergebnis einer Addition bezeichnet man in der Mathematik als Summe. Rechnest du 3 + 5 = 8, so ist 8 die Summe. Die Differenz ist hingegen das Ergebnis einer Subtraktion (zum Beispiel 7 – 2 = 5). Das Produkt ist das Ergebnis einer Multiplikation (zum Beispiel 3 x 2 = 6). Und der Quotient ist das Ergebnis einer Division (zum Beispiel 8 / 2 = 4).

25. Richtige Antwort: b)

Alexander Gerst wurde 1976 in Künzelsau geboren. Er studierte Geophysik und wurde schließlich ein Astronaut der Europäischen Raumfahrtorganisation ESA. Seinen ersten Raumflug absolvierte er im Jahr 2014. 2018 wurde er sogar, während seines Aufenthalts dort, zum Kommandanten der Internationalen Raumstation ISS ernannt.

26. Richtige Antwort: d)

Hippokrates von Kos war schon zu seinen Lebzeiten ein berühmter griechischer Arzt. Er wurde um das Jahr 460 vor Christus auf der griechischen Insel Kos geboren und starb 370 vor Christus in der thessalischen Stadt Larisa. Hippokrates gilt durch seine Beobachtungen und seine Schriften als Begründer der wissenschaftlichen Medizin.

27. Richtige Antwort: b)

Licht bewegt sich mit einer Geschwindigkeit von 299 792 458 Metern pro Sekunde fort, also mit rund 300 000 Kilometern pro Sekunde. Große Entfernungen im Weltall werden in Lichtjahren angegeben. Ein Lichtjahr ist die Entfernung, die das Licht in einem Jahr zurücklegt: 9,46 Billionen Kilometer. Der Stern, der unserer Sonne am nächsten ist, trägt den Namen Proxima Centauri. Er ist über vier Lichtjahre von der Erde entfernt.

28. Richtige Antwort: d)

Die Linse befindet sich im vorderen Teil des menschlichen Auges. Sie bündelt das Licht, das durch die Pupillen in das Auge eintritt. Dadurch kann auf der Netzhaut ein klares Bild entstehen. Vor allem bei älteren Menschen kann sich die Linse im Auge manchmal eintrüben. Diese Krankheit nennt man den »grauen Star«.

29. Richtige Antwort: a)

Unsere Galaxie ist die Milchstraße. Sie besteht aus vielen Milliarden Sternen – unter anderem unserer Sonne – und hat eine Länge von rund 200 000 Lichtjahren. Das bedeutet, dass das Licht 200 000 Jahre benötigen würde, um die Milchstraße einmal zu durchqueren. Neben der Milchstraße gibt es im Weltall noch unzählige weitere Galaxien, die sich ebenfalls aus Milliarden Sternen zusammensetzen.

30. Richtige Antwort: d)

Der Geigerzähler heißt streng genommen Geiger-Müller-Zählrohr. Damit lässt sich radioaktive Strahlung nachweisen. In geringen Mengen ist radioaktive Strahlung ungefährlich, in größeren Dosen kann sie hingegen tödlich sein. Große Mengen an radioaktiver Strahlung können zum Beispiel durch einen Unfall in einem Kernkraftwerk freigesetzt werden.

Antworten

1. Richtige Antwort: a)

Die Olympischen Spiele wurden in der Antike in den Jahren von 776 bis 393 vor Christus abgehalten. Im 19. Jahrhundert hatte unter anderem der französische Baron Pierre de Coubertin die Idee, die Olympischen Spiele auch in der Neuzeit auszutragen. Die ersten Olympischen Spiele fanden 1896 in Athen statt. Damals nahmen nur 241 Athleten aus 14 Ländern teil. Zum Vergleich: Bei den Olympischen Spielen 2016 in Rio de Janeiro waren es 11 238 Athleten aus 207 Ländern.

2. Richtige Antwort: c)

Den Tiebreak gibt es beim Tennisspiel. Steht es in einem Satz 6 zu 6, so wird durch den Tiebreak entschieden, wer den Satz mit 7 zu 6 gewinnt. Um einen Tiebreak zu gewinnen, muss ein Tennisspieler mindestens sieben Punkte erreichen und er muss gleichzeitig zwei Punkte Vorsprung zum Gegner haben.

3. Richtige Antwort: d)

Der deutsche Fußballtrainer Jürgen Klopp wurde 2015 zum Trainer des englischen Vereins FC Liverpool ernannt. 2019 gewann er mit diesem Verein die Champions League. Seine Mannschaft setzte sich im Finale dieses Turniers gegen Tottenham Hotspur durch. Für seinen Erfolg wurde Jürgen Klopp im selben Jahr zum FIFA-Trainer des Jahres gewählt.

4. Richtige Antwort: d)

Das erste Spiel des Jahres war 1979 »Hase und Igel«. Der Gewinner im Jahr 2019 war das Spiel »Just One«, das ab einem Alter von acht Jahren empfohlen wird. »Just One« wurde von den französischen Spieleerfindern Ludovic Roudy und Bruno Sautter entwickelt. In dem Spiel geht es darum, möglichst viele geheime Wörter zu erraten.

5. Richtige Antwort: b)

Das Badminton-Spiel wird mit Schlägern und einem Federball gespielt. Es stammt ursprünglich aus Indien. Seinen Namen hat das Spiel vom Landsitz Badminton House des Duke of Beaufort. Dort wurde das Spiel im Jahr 1872 von einem britischen Soldaten vorgestellt, der es aus Indien mitgebracht hatte.

6. Richtige Antwort: a)

Eine Wettfahrt auf dem Wasser wird Regatta genannt. Ursprünglich waren damit nur Gondelwettfahrten in Venedig gemeint. Doch heute gibt es auch Regatten unter anderem beim Segeln, beim Rudern und beim Windsurfen. Eine bekannte Segelregatta ist zum Beispiel der »America's Cup«, der bereits seit 1851 ausgetragen wird, damals allerdings noch unter dem Namen »100 Sovereign Cup«.

7. Richtige Antwort: b)

Lionel Messi ist ein argentinischer Fußballspieler, der aber in Spanien lebt und auch die spanische Staatsangehörigkeit hat. 2019 wurde der 1987 geborene Fußballspieler bereits zum sechsten Mal zum Weltfußballer des Jahres gewählt. Er spielt bereits seit seiner frühen Jugend beim spanischen Verein FC Barcelona.

8. Richtige Antwort: c)

Ein Triathlon besteht aus den Disziplinen Schwimmen, Radfahren und Laufen. Ein sehr bekannter Triathlon ist der »Ironman Hawaii«. Dort müssen die Sportler zunächst 3,86 Kilometer schwimmen, dann 180,2 Kilometer Rad fahren und schließlich noch 42,195 Kilometer laufen. 2019 gewannen den Ironman Hawaii zwei Deutsche, nämlich Jan Frodeno bei den Männern und Anne Haug bei den Frauen.

9. Richtige Antwort: a)

Türme und Läufer sind Spielfiguren beim Schach – neben König, Dame, Springer und Bauer. Das Schachspiel kam im Mittelalter durch die Eroberungen der Araber nach Europa. Weltmeister im Schach ist der Norweger Magnus Carlsen, der 1990 geboren wurde. Carlsen war schon im Alter von 13 Jahren Schach-Großmeister.

10. Richtige Antwort: b)

Das Curling ist eine Wintersportart, die auf dem Eis gespielt wird. Bei dieser Sportart versuchen zwei Mannschaften, ihre Curling-Steine möglichst nah an den Mittelpunkt des Zielkreises gleiten zu lassen und die Curling-Steine der Gegner vom Zielkreis wegzuschießen. Das Curling stammt ursprünglich aus Schottland.

11. Richtige Antwort: d)

Die Fußball-Weltmeisterschaft 2018 wurde in Russland ausgetragen. Weltmeister wurde Frankreich, das im Finale Kroatien besiegte. Deutschland ist hingegen zum ersten Mal bei einer Weltmeisterschaft bereits nach der Gruppenphase ausgeschieden. Zum besten Spieler des Turniers wurde der Kroate Luka Modrić gewählt.

12. Richtige Antwort: d)

Der »Super Bowl« ist das Finale der amerikanischen American Football-Liga. Er wird seit 1967 jährlich ausgetragen. Die nächsten Super Bowls finden jeweils am ersten Sonntag im Februar statt, und zwar an wechselnden Orten. Beim Super Bowl am 3. Februar 2019 besiegten die New England Patriots die Los Angeles Rams mit 13:3 im Mercedes-Benz Stadium in Atlanta.

13. Richtige Antwort: d)

Die Streckenlänge eines Marathonlaufs wurde im Jahr 1921 auf 42,195 Kilometer festgelegt. Der Marathonlauf geht auf eine Legende zurück. Dieser Legende zufolge war im Jahr 490 vor Christus ein Laufbote rund 40 Kilometer nach Athen gelaufen, um den Sieg in der Schlacht von Marathon zu verkünden. Er konnte gerade noch die Botschaft »Wir haben gesiegt« verkünden und ist dann zusammengebrochen.

14. Richtige Antwort: a)

Beim Golf geht es darum, den Golfball mithilfe eines Schlägers mit möglichst wenigen Schlägen in ein Loch zu spielen, also »einzulochen«. Auf einem Golfplatz gibt es mehrere Spielbahnen, zum Beispiel 18. Auf jeder dieser Spielbahnen gibt es ein Loch, das durch eine Fahne gekennzeichnet ist. Trifft der Golfspieler das Loch auf einer Bahn mit nur einem einzigen Schlag, so nennt man das »Hole in One«.

15. Richtige Antwort: d)

Die Formel 1 wird auch Königsklasse des Automobilsports genannt. Die erste Formel-1-Weltmeisterschaft wurde im Jahr 1950 ausgetragen. Bei der Formel-1-Weltmeisterschaft treten die Formel-1-Piloten mit ihren Autos an etwa 20 Orten auf der ganzen Welt gegeneinander an. Der deutsche Formel-1-Pilot Michael Schumacher wurde bereits sieben Mal Formel-1-Weltmeister – so oft wie kein anderer.

16. Richtige Antwort: b)

FIFA ist die Abkürzung für »Fédération Internationale de Football Association«. Der Internationale Fußballverband wurde 1904 in der französischen Hauptstadt Paris gegründet und hat seinen Sitz heute in Zürich in der Schweiz. Die FIFA organisiert unter anderem die Fußball-Weltmeisterschaften und das Olympische Fußballturnier.

17. Richtige Antwort: c)

Die Wimbledon Championships sind nicht nur das berühmteste, sondern auch das älteste Tennisturnier der Welt. Dieses Turnier wurde erstmals im Jahr 1877 im Londoner Stadtteil Wimbledon ausgetragen. Im Jahr 1937 wurde das Tennisturnier zum ersten Mal im Fernsehen übertragen. Man nennt die Tennisplätze in Wimbledon manchmal auch den »heiligen Rasen«.

18. Richtige Antwort: d)

Die Tour de France gilt als wichtigstes Radrennen der Welt. Es wurde erstmals im Jahr 1903 ausgetragen. Jedes Jahr führt es auf zahlreichen Etappen durch Frankreich oder benachbarte Länder. Den Führenden in der Gesamtwertung erkennt man an seinem gelben Trikot. Der Führende in der Punktewertung trägt ein grünes Trikot. Und es gibt noch weitere Trikotfarben mit unterschiedlichen Bedeutungen.

19. Richtige Antwort: a)

Dirk Nowitzki wurde 1978 in Würzburg geboren und begann dort, Basketball zu spielen. Aufgrund seiner Größe von 2,13 Metern ist er für diesen Sport bestens geeignet, denn beim Basketball geht es darum, einen Ball in einen hoch aufgehängten Korb zu werfen. Von 1999 bis 2019 spielte Dirk Nowitzki bei den Dallas Mavericks in der amerikanischen Profi-Liga.

20. Richtige Antwort: b)

Baseball ist ein Schlagballspiel, bei dem zwei Mannschaften gegeneinander antreten. Der Pitcher wirft einen Ball, den dann ein Batter möglichst weit wegschlagen möchte. Ein Catcher versucht, den Ball zu fangen. Als Umpire wird der Schiedsrichter beim Baseball bezeichnet. Baseball ist besonders in den USA sehr beliebt.

21. Richtige Antwort: b)

Der beste Startplatz beim Motorsport wird Pole Position genannt. Diese Position befindet sich in der ersten Startreihe. Den Platz in der Pole Position muss man sich aber erst verdienen, indem man die schnellste Zeit im Training oder im Qualifikationsrennen fährt. Ursprünglich stammt der Begriff Pole Position aus dem Pferderennsport.

22. Richtige Antwort: a)

Brasilien ist ein fußballbegeistertes Land, das bereits zahlreiche berühmte Fußballspieler hervorgebracht hat. Einer davon ist der 1992 geborene Neymar. Mit vollem Namen heißt er Neymar da Silva Santos Júnior. Er wechselte im Jahr 2017 für die Rekordsumme von 222 Millionen Euro vom FC Barcelona zum Verein Paris Saint-Germain.

23. Richtige Antwort: d)

Das Schmetterlingsschwimmen wird auch Delfin genannt. Bei dieser Schwimmtechnik hebt der Schwimmer seinen Oberkörper wie ein Delfin aus dem Wasser, während er ähnlich wie ein Schmetterling gleichzeitig mit den Armen schlägt und auch die Beine und Füße gleichzeitig bewegt. Das Schmetterlingsschwimmen ist nach dem Kraulen die zweitschnellste Schwimmtechnik.

24. Richtige Antwort: c)

Die Deutsche Bundesliga gibt es seit der Saison 1963/64. Deutscher Fußballmeister wurde damals der 1. FC Köln. Doch es gab auch schon zuvor deutsche Fußball-Meisterschaften, nämlich seit der Saison 1902/03. Alle Meisterschaften zusammengerechnet, wurde der FC Bayern München mit sehr großem Abstand am häufigsten Deutscher Fußballmeister, nämlich bis 2019 bereits 29 Mal.

25. Richtige Antwort: d)

Angelique Kerber ist eine deutsche Tennisspielerin. Sie wurde 1988 in Bremen geboren und ist bereits seit 2003 als Tennisprofi unterwegs. Unter anderem siegte sie 2018 in Wimbledon und war zeitweise die Nummer 1 in der Tennis-Weltrangliste.

26. Richtige Antwort: b)

Auf der Olympischen Flagge sind fünf ineinander verschlungene Ringe abgebildet. Die Ringe haben die Farben Blau, Schwarz, Rot, Gelb und Grün. Der Hintergrund der Flagge ist weiß. Die Olympische Flagge wurde im Jahr 1913 von Pierre de Coubertin entworfen, der auch die ersten Olympischen Spiele der Neuzeit ins Leben rief. Er sagte selbst über die Flagge, dass die Ringe die fünf Erdteile darstellen.

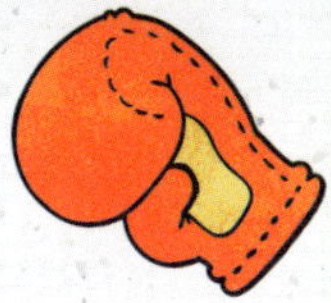

27. Richtige Antwort: a)

Andy Ruiz ist ein US-amerikanischer Boxer mit mexikanischen Wurzeln. Er wurde im Jahr 1989 in Kalifornien geboren. 2019 wurde er Weltmeister im Schwergewicht in allen vier großen Box-Verbänden, nämlich WBA, IBF, WBO und IBO. Dazu musste er lediglich den Briten Anthony Joshua besiegen, der zu diesem Zeitpunkt alle vier Titel innehatte.

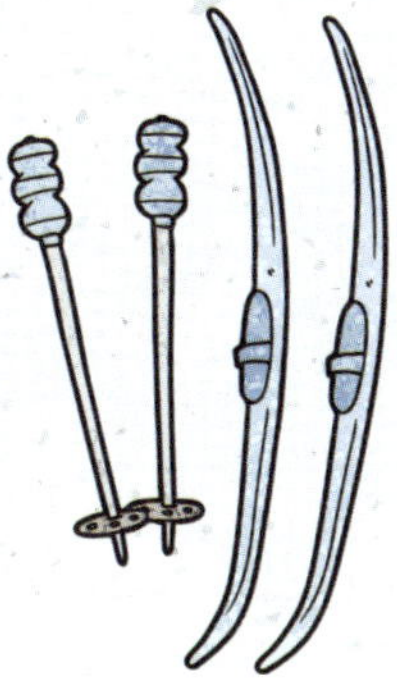

28. Richtige Antwort: b)

Die Loipe ist eine speziell für Skilangläufer präparierte Strecke im Schnee. Das Wort stammt ursprünglich aus der norwegischen Sprache. Beim Skilanglauf gleitet ein Skiläufer nicht wie bei anderen Skisportarten bergab, sondern er bewegt sich auch mal in der Ebene oder sogar bergauf. Er benutzt dann Skistöcke, um sich vorwärts zu stoßen.

29. Richtige Antwort: b)

Die Fußball-Weltmeisterschaft der Frauen wurde 2019 in Frankreich ausgetragen. Weltmeister wurden die USA, die im Finale die Niederlande bezwangen. Die Amerikanerin Megan Rapinoe erzielte in dem Turnier sechs Tore und wurde damit Torschützenkönigin. Zudem wurde sie zur besten Spielerin des Turniers gewählt. Die erste Fußball-Weltmeisterschaft der Frauen gab es 1991.

30. Richtige Antwort: a)

Der Caddie ist ein Helfer beim Golf. Er trägt einem Golfspieler die Tasche und kann den Spieler auch beraten, welchen Schläger dieser als Nächstes verwenden soll. Einige berühmte Golfspieler haben vor ihrer Karriere als Profi-Golfspieler als Caddie gearbeitet, zum Beispiel auch der deutsche Golfspieler Bernhard Langer.

BERECHNE DEINEN QUIZ-QUOTIENTEN (QQ)

Du hast alle Quizfragen in diesem Buch beantwortet und dir deine Punktzahlen in den acht unterschiedlichen Bereichen notiert. Damit kannst du nun deinen Quiz-Quotienten (QQ) berechnen. Verwende dazu einen Taschenrechner! Gehe folgendermaßen vor:

1. Zähle die Punktzahlen in allen Bereichen zusammen, also zum Beispiel: 17 + 21 + 14 + 20 + 18 + 25 + 29 + 27 = 171 Punkte.

2. Teile das Ergebnis aus Schritt 1 nun noch durch dein Lebensalter. Bist du älter als 12 Jahre, so teilst du das Ergebnis trotzdem nur durch 12. Du erhältst dadurch den QQ. Bei unserem Beispiel wäre die Berechnung: 171 / 10 = 17,1 Der QQ beträgt in diesem Fall 17,1.

Auf eine ähnliche Weise kannst du auch den QQ für einzelne Wissensbereiche berechnen. Nur der erste Schritt ändert sich ein wenig: Statt die Punktzahlen aus allen Bereichen zusammenzuzählen, nimmst du die Punktzahl aus einem Bereich mal 8.

Wie du deinen QQ einordnen kannst, verraten dir die folgenden Auswertungstexte:

QQ ÜBER 17

Ein super Ergebnis, Gratulation! Du weißt schon ganz schön viel und kannst mit deinem Wissen deine Familie und deine Freunde beeindrucken. Aber auch du kannst dich noch verbessern. Nimm dir vor, regelmäßig in spannenden Sachbüchern zu lesen oder dir interessante Wissenssendungen im Fernsehen anzuschauen, um dein Wissen zu erweitern. Auch Schulbücher laden häufig zum Stöbern ein – schau sie dir nur mal genauer an!

QQ VON 10 BIS 17

Gar nicht mal schlecht! Du hast eine Menge Quizfragen richtig beantwortet und den Wissenstest gut gemeistert. Wenn du zukünftig noch mehr wissen möchtest, werde eine Leseratte! Mit jedem Sachbuch und mit jedem Schulbuch, das du verschlingst, gewinnst du an Wissen. Auch Wissenssendungen im Fernsehen können dir dabei helfen, dein Wissen auszubauen.

QQ UNTER 10

Bloß nicht verzagen, schließlich hast du einiges gewusst! Lies dir nun aber am besten noch mal alle Antworten im Lösungsteil gründlich durch und mach den Wissenstest dann noch einmal von vorn. Du wirst es ganz bestimmt schaffen, einen QQ von 10 oder mehr zu erreichen!

Mehr Wissen, das Spaß macht!:

ISBN 978-3-8458-3493-1

ISBN 978-3-8458-3861-8

ISBN 978-3-8458-3995-0

kunterbunt und liebevoll

arsEdition
... bringt Freude

Bildnachweis: © stock.adobe.com: Angkhan, Balint Radu, comicsans, Cornelia Pithart, jannis, jccuvelier, Jemastock, lar01joka, lazyllama, lineartestpilot, longquattro, Nikolai Titov, Oleksandr, orangeberry, Petar, PrintEquipment, sabelskaya, spline_x, sudowoodo, teneresa, Tupungato, virtua73, WoGi, YummyBuum, Сашка Шаргаева
Getty Images/ satori13

FSC www.fsc.org
MIX
Papier aus verantwortungsvollen Quellen
FSC® C015559

Friedrichstraße 9, D-80801 München
Text: Philipp Kiefer
Satz: Daniela Schulz
Gestaltung: Grafisches Atelier, arsEdition GmbH

ISBN 978-3-8458-3765-9
www.arsedition.de